Durch meine Abnahme habe ich herausgefunden, was mir im Leben wirklich fehlte. Zeit für mich!

Sarah, WW Teilnehmer

Das Zero Waste Kochbuch

Inhalt

Rezeptinfos

**SmartPoints Wert
pro Person / Glas / Stück**

 vegetarisch

 vegan

 glutenfrei

 laktosefrei

 nussfrei

Die Kennzeichnung wie zum Beispiel
„vegetarisch", „vegan", „gluten-", „laktose-"
oder „nussfrei" bei den Rezepten ist rein
informativ und nicht verbindlich. Es liegt in
der persönlichen Verantwortung zu prüfen,
ob die verwendeten Lebensmittel die
Anforderungen erfüllen.

Dürfen wir vorstellen: *meinWW*™! Mit diesem einzigartigen Programm findest du den richtigen Weg für dich. Wenn es ums Abnehmen geht, hat jeder seine eigenen Vorstellungen und Bedürfnisse. Was für den einen gut funktioniert, ist für jemand anderen vielleicht weniger geeignet. Deshalb bieten wir dir ab sofort mehr als eine Möglichkeit, mit WW abzunehmen und einen gesunden Lifestyle zu etablieren!

Die Grundlage bildet ein Ernährungskonzept, das auf ernährungswissenschaftlichen Erkenntnissen basiert. So bekommt dein Körper alles, was er braucht. Zusätzlich bekommst du Verhaltensstrategien an die Hand, die dir dabei helfen, gesunde Gewohnheiten zu entwickeln. Egal, ob es um gesündere Ernährung, einen aktiveren Lebensstil oder darum geht, deine Einstellung positiv zu verändern: Du setzt dir kleine, leicht erreichbare Ziele, die du nach und nach

in deinen Alltag integrierst. Denn bei uns geht es um mehr als nur Abnehmen – es geht um langfristigen Erfolg. Es gibt 3 Wege, mit meinWW™ abzunehmen. Die 3 Pläne unterscheiden sich in der Anzahl der ZeroPoint™ Lebensmittel und der Höhe der täglichen SmartPoints®. Egal, ob du dich für Grün, Blau oder Lila entscheidest: Du kannst weiterhin alle Lebensmittel genießen, die du gerne magst. Hier findest du eine Übersicht zu den 3 Plänen:

Grüner Plan

100+ ZeroPoint™ Foods:

Obst und Gemüse

Mindestens 30 tägliche SmartPoints®

Blauer Plan

200+ ZeroPoint™ Foods:

Obst, Gemüse und eiweißreiche Lebensmittel wie Geflügel, Fisch, Eier, Quark, Hülsenfrüchte oder Tofu

Mindestens 23 tägliche SmartPoints®

Lila Plan

300+ ZeroPoint™ Foods:

Obst, Gemüse, eiweißreiche Lebensmittel sowie Kartoffeln und ausgewählte Vollkornprodukte

Mindestens 16 tägliche SmartPoints®

SmartPoints®

Die Basis bildet unser SmartPoints® System, das komplexe Ernährungsinformationen zu einer einfachen Zahl zusammenfasst: dem SmartPoints® Wert. Dein SmartPoints® Budget wird individuell für dich berechnet. Es besteht aus täglichen und wöchentlichen SmartPoints® und basiert auf Alter, Gewicht, Größe und Geschlecht. Wenn du dich an dein SmartPoints® Budget hältst, nimmst du ab, und zwar bis zu 1 Kilo pro Woche.

ZeroPoint™ Foods

ZeroPoint™ Lebensmittel haben 0 SmartPoints®. Warum? Weil diese Lebensmittel die Grundlage für eine gesunde Ernährung bilden und wir dich darin bestärken möchten, hier öfter zuzugreifen. 0 Punkte Lebensmittel musst du weder wiegen, noch abmessen, zählen oder aufschreiben – und du nimmst dabei trotzdem ab. Seit Einführung der ZeroPoint™ Lebensmittel sind unsere Teilnehmer sogar noch erfolgreicher*. Lass dich überraschen, wie vielfältig und abwechslungsreich Kochen mit den 0 Punkte Lebensmitteln sein kann. Genieß es und gönne dir mehr Flexibilität und Freiheit im Alltag!

*Six-month pre-post study conducted by the University of North Carolina funded by WW. Weight data reported by trial participants after 6 months on WW Freestyle.

5

Sarah, -12 kg
WW Teilnehmer

Getestet von Sarah.

Sarah hat dieses Kochbuch für euch getestet und neue Lieblingsrezepte gefunden. Freut euch auf viele interessante Tipps und Informationen von Sarah.

Auf der Suche nach mehr Gelassenheit

Durch meine Abnahme habe ich herausgefunden, was mir im Leben wirklich fehlte: Zeit für mich. Oder „Me-time", wie ich es nenne. Seitdem ich in Sachen Ernährung viel entspannter bin, gehe ich insgesamt gelassener durchs Leben. 12 Kilo habe ich im WW Workshop abgenommen. Auch für die Abnahme habe ich mir Zeit gelassen – und zwar insgesamt zwei Jahre. Genauso lange halte ich mein Gewicht inzwischen auch ohne Probleme und genieße die neue Zufriedenheit. Ich bin nicht mehr so streng mit mir, freue mich an Kleinigkeiten, bin nicht gleich frustriert, wenn mal etwas nicht auf Anhieb klappt.

Kaffeeklatsch im Wasser

Die Unternehmungen mit meinen Freunden haben sich verändert, neuerdings sind wir gemeinsam aktiv. Statt uns im Café zu treffen, wo der ein oder andere Cappuccino bestellt wurde, gehen wir ins Schwimmbad oder kegeln, powern uns eine Stunde im Trampolinpark aus. Auch dabei kann man prima quatschen. Meine Urlaube werden auch immer mehr zu Aktivurlauben – selbst wenn eigentlich Ferien am Strand geplant sind. Letztes Jahr war ich mit meiner Mutter auf Rhodos und wir sind am Tag ganz oft 10 oder 20 Kilometer gelaufen. Das ergibt sich einfach so, wenn man Lust hat, sich zu bewegen.

Ab auf die Matte

Da ich nicht so der Typ Teamsportler bin, habe ich mich bei einem Online-Fitnessstudio eingeschrieben. Abends werfe ich mich zu Hause in meine Sportklamotten, rolle im Wohnzimmer die Matte aus und mache ein 20- bis 30-minütiges Workout. In meiner Freizeit gehe ich auch viel mit meinem Hund spazieren – der perfekte Ausgleich für mich.

Mehr vom Mittag

Früher stand auf der Arbeit jeden Mittag die gleiche Frage im Raum: Was esse ich heute? Inzwischen habe ich immer etwas Leckeres mit und bin top versorgt – ob durch am Vorabend vorbereitete Mahlzeiten oder einen schnellen Salat. Meine Mittagspause ist dadurch gefühlt länger geworden und ich kann besser entspannen.

Ab in den Workshop

Mein Erfolgsgeheimnis ist der WW Workshop in Duisburg-Huckingen. Während der Abnahme habe ich kaum einen Termin ausgelassen. Auch heute gehe ich noch jede Woche hin. Gerade erst habe ich meine Gold Mitgliedschaft verlängert. Mit meinem Coach Brigitte Weske habe ich einen Ansprechpartner, der meinen Weg begleitet und sich Zeit für mich nimmt.

Zero Waste Küchentipps

Zero Waste ist in diesem Kochbuch das Motto für einen bewussten Umgang mit Lebensmitteln. Auch wenn es nicht immer gelingt alle Reste zu nutzen, ist Umdenken ein wichtiger Beitrag zur Lebensmittelwertschätzung und Nachhaltigkeit. Denn cleveres Einkaufen und kreatives Kochen macht es möglich, fast alle Zutaten aufzubrauchen. Am besten checkst du immer deine Vorräte vor dem Einkauf und kaufst nur das, was du wirklich brauchst. So hat Überflüssiges keine Chance mehr in deinem Einkaufswagen zu landen! Mit unseren Tipps macht es richtig Spaß Übriggebliebenes zu verwerten.

> Überreifes Obst: Wenn Bananen braun, Äpfel schrumpelig oder Mangos matschig sind, musst du das Obst nicht wegwerfen. Reifes Obst eignet sich super für einen erfrischenden Fruchtsmoothie. Außerdem ist reifes Obst sehr aromatisch und ideal zum Süßen von Joghurts, Cremes oder zum Backen.

> Keine Zitronenreste mehr! Zitronen und Limetten auspressen und den Saft in einer Flasche aufbewahren. So kannst du Reste vermeiden, wenn du nur 1 TL Saft benötigst.

> Apfelschalen kannst du zu getrockneten Apfelchips verarbeiten oder dir einen aromatischen Apfeltee daraus zubereiten.

> Gemüsereste, wie Broccoli- oder Blumenkohlstrünke, kannst du schälen, klein schneiden und als Gemüsebeilage, Suppe, Eintopf oder auch Quiche zubereiten.

> Gemüseschalen, wie Karotten-, Kartoffeln-, Spargel und Sellerieschalen kannst du gründlich waschen und eine Gemüsebrühe oder einen Fond daraus kochen.

> Das Karottengrün und die Gemüseblätter von Kohlrabi, Rote Bete und Radieschen sind essbar und können für die Zubereitung von grünen Smoothies oder Pesto verwendet werden. Hier solltest du allerdings auf Bio-Qualität achten.

> Frische Kräuter: Wenn du frische Kräuter übrig hast, kannst du diese gründlich waschen, trocken schleudern, hacken und gut verpackt einfrieren. Besonders praktisch ist es, wenn du die gehackten Kräuter in Eiswürfelbehälter verteilst, mit Wasser auffüllst und dann einfrierst. So hast du jederzeit portionsfähige TK-Kräuter zum Kochen.

- Aus Milchprodukten, wie Quark, Joghurt, Frischkäse, Skyr oder Crème légère kannst du mit Kräutern und Gewürzen einen Dipp zubereiten oder sie mit Obst zu einem Dessert verarbeiten.

- Altbackenes Brot kannst du zu Paniermehl (S. 79) oder knusprigen Croûtons für Salate oder Brotsalat verarbeiten.

- Recycle deine Reste: Du hast Nudeln, Reis oder Gemüse vom Vortag über? Dann zaubere daraus einfach ein neues leckeres Essen – mache dir Bratreis, einen Freestyle-Auflauf oder einen leckeren Nudelsalat.

- Mix it! Du kannst nach Lust und Laune Rezeptzutaten austauschen – nimm einfach das, was du noch übrighast. Das Rezept ist mit Rucola, aber du hast nur Feldsalat – probiere es aus, so kommen ganz neue leckere Kreationen zustande.

- Eintöpfe sind perfekt für Resteverwertung. Die Möglichkeiten sind grenzenlos! Du kannst im Handumdrehen aus Gemüseresten und Hülsenfrüchten einen leckeren Veggie-Eintopf zaubern.

- Kartoffeln vom Vortag übrig? Mache dir daraus ein neues leckeres Essen: Bauernfrühstück (S. 84), Frittata (S. 95), Kartoffel-Broccoli-Gratin (S. 56) oder einfach Bratkartoffeln.

- Restliche Hülsenfrüchte, wie Kichererbsen, Kidney Bohnen oder Linsen, kannst du einfach in Kombination mit Gemüse zu sättigenden Pfannengerichten, indischen Dals oder mit Kokosmilch zu Curries verarbeiten.

- Aus restlichen Eiern können unzählige Rezepte gezaubert werden, Rührei, Omelette, gefüllte Eier (S. 31) oder Frittata (S. 95). Natürlich kannst du mit den Eiern auch etwas Leckeres backen.

Kalte Küche

Italienische Salat-Pasta-Bowl

Für 4 Personen   Zubereitungszeit 20 Min.   Garzeit 10 Min.

3571 kJ | 853 kcal

120 g trockene
    Vollkorn-Penne
Salz, Pfeffer
1 rote Zwiebel
300 g Cocktailtomaten
100 g Rucola
1/2 Bund Basilikum
50 g gegrillte Zucchini in Öl
    (Abtropfgewicht)
1 Knoblauchzehe
2 TL Pinienkerne
1 EL geriebener Parmesan
2 TL Olivenöl
1 EL Weißweinessig
1 Kugel Mozzarella,
    25 % Fett i. Tr.

1 Nudeln nach Packungsanweisung in Salzwasser garen, abgießen und kurz abkühlen lassen. Zwiebel schälen und in Streifen schneiden. Tomaten waschen und halbieren. Rucola waschen und trocken schleudern. Basilikum waschen und trocken schütteln. Zucchini abtropfen lassen und in Stücke schneiden.

2 Für das Pesto 25 g Rucola mit Basilikum, Knoblauch, 1 TL Pinienkernen, Parmesan, Öl, Essig und 2 EL Wasser pürieren. Nudeln mit der Hälfte des Pestos vermischen und auf 4 Schalen verteilen.

3 Restlichen Rucola, Zwiebeln, Tomaten und Zucchini nebeneinander auf den Nudeln anrichten. Mozzarella trocken tupfen, grob zupfen und auf die Schalen verteilen. Salat-Pasta-Bowl mit Salz und Pfeffer würzen, mit restlichem Pesto beträufeln, mit restlichen Pinienkernen bestreuen und servieren.

Noch Parmesan übrig?
Wie du den italienischen Käse am besten lagerst, erfährst du auf S. 19.

So bleibt Rucola frisch
Rucolablätter waschen, trocken schütteln und braune Blätter aussortieren. Dann in einer Frischhaltebox im Gemüsefach lagern. So bleibt der Rucola einige Tage frisch.

Jackfruit-Tacos mit Chilimayonnaise

Für 8 Personen   Zubereitungszeit 20 Min.   Garzeit 30 Min.

1130 kJ | 270 kcal

**1 Dose Jackfruit in Salzlake
(324 g Abtropfgewicht)**
1 Zwiebel
2 Knoblauchzehen
3 TL Rapsöl
2 TL Chilipulver
1/2 TL getrockneter Oregano
1 TL Kreuzkümmel
Salz, Pfeffer
1 1/2 EL Tomatenmark
120 ml Wasser
**1 Dose schwarze Bohnen
(240 g Abtropfgewicht)**
1 Avocado (ca. 150 g)
200 g Rotkohl
2 EL Salatcreme, bis 10 % Fett
2 TL Limettensaft
**3/4 TL Chilisauce
(auf Tomatenbasis)**
8 kleine Mais-Tortillawraps
1 EL gehackter Koriander

1 Jackfruit abspülen und abtropfen lassen. Zwiebel schälen und mit Knoblauch in feine Würfel schneiden. 2 TL Öl in einer Pfanne auf mittlerer Stufe erhitzen und Zwiebeln mit Knoblauch darin ca. 5 Minuten anbraten. Mit Chilipulver, Oregano, 1/2 TL Kreuzkümmel, 1/2 TL Salz und Pfeffer würzen. Jackfruit, Tomatenmark und Wasser hinzufügen und ca. 25 Minuten köcheln lassen. Jackfruit mithilfe eines Kochlöffels zerteilen.

2 Bohnen abspülen, abtropfen lassen und mit restlichem Öl, restlichem Kreuzkümmel und 1/4 TL Salz in einer mikrowellengeeigneten Schüssel verrühren, mit einem Küchentuch abdecken und bei 800 Watt 1–2 Minuten erwärmen, dabei die Bohnen regelmäßig umrühren. Avocado halbieren, Stein entfernen, Fruchtfleisch aus der Schale lösen und Avocado in Spalten schneiden. Rotkohl putzen, den Strunk entfernen und Rotkohl in feine Streifen schneiden.

3 Für die Chilimayonnaise Salatcreme, Limettensaft und Chilisauce verrühren. Tortillawraps erwärmen, mit Jackfruit, Bohnen, Avocado und Rotkohl belegen, mit etwas Chilimayonnaise beträufeln und mit Koriander garnieren. Jackfruit-Tacos servieren.

Frischen Rotkohl einfrieren

Restlichen Rotkohl in Streifen schneiden, in kochendem Salzwasser kurz blanchieren und mit kaltem Wasser abschrecken. Dann gut verpacken und tiefkühlen, so bleibt der Rotkohl ca. 6 Monate haltbar.

Thunfischsalat mit rotem Pesto

Für 4 Personen **Zubereitungszeit 15 Min.**

796 kJ | 190 kcal

6 getrocknete Tomaten
   ohne Öl
6 Cashewnüsse
80 ml heiße Gemüsebrühe
   (1/4 TL Instantpulver)
1 kleiner Kopfsalat
100 g Baby-Blattspinat
1 rote Zwiebel
12 entsteinte schwarze Oliven
   in Lake
2 Dosen Thunfisch
   im eigenen Saft
   (à 150 g Abtropfgewicht)
1 EL Olivenöl
1 EL dunkler Balsamicoessig
Salz, Pfeffer
4 TL Kapern

1 Tomaten mit Cashewnüssen ca. 10 Minuten in Brühe einweichen. Salat mit Spinat waschen und trocken schleudern. Kopfsalat in mundgerechte Stücke zerteilen. Zwiebel schälen und in Streifen schneiden. Oliven in Ringe schneiden. Thunfisch abtropfen lassen.

2 Für das Pesto Tomaten und Cashewnüsse samt Sud mit Öl, Essig, Salz und Pfeffer pürieren. Salat mit Thunfisch, Zwiebeln, Oliven und Pesto vermischen und mit Kapern bestreuen. Thunfischsalat servieren.

Kapern bewahren

Wenn die restlichen Kapern im Glas mit der Flüssigkeit bedeckt sind, halten sie im Kühlschrank bis zu 3 Monate. Mit Kapern kannst du vor allem Fleisch- und Fischgerichte verfeinern.
Du benötigst Kapern auch für die folgenden Rezepte:
Thunfisch-Tramezzini mit Rucola (S. 36)
Filet im Kräutermantel mit Karotten und Drillingen (S. 64)
Mediterrane Gemüselasagne (S. 72)

Caesar-Baguette mit Hähnchenstreifen

Für 4 Personen   Zubereitungszeit 25 Min.   Garzeit 5 Min.

1428 kJ | 341 kcal

1 kleines Römersalatherz
1/2 Salatgurke
200 g Hähnchenbrustfilet
1 TL Rapsöl
Salz, Pfeffer
1/2 TL Paprikapulver
2 TL Pinienkerne
3 Sardellenfilets in Öl
100 g Frischkäse,
    bis 5 % Fett absolut
2 EL Salatcreme, bis 10 % Fett
15 g geriebener Parmesan
250 g Baguette

1   Salat waschen, trocken schleudern und in breite Streifen schneiden. Gurke waschen und schräg in Scheiben schneiden. Hähnchenbrustfilet trocken tupfen und in Streifen schneiden.

2   Öl in einer Pfanne auf mittlerer Stufe erhitzen, Hähnchen darin ca. 5 Minuten rundherum braten und mit Salz, Pfeffer und Paprikapulver würzen. Pinienkerne fettfrei in einer Pfanne auf mittlerer Stufe 2–3 Minuten rösten.

3   Für die Creme Sardellen mit Frischkäse, Salatcreme, Parmesan und Pfeffer pürieren. Baguette rösten, aufschneiden und beide Hälften mit Creme bestreichen. Untere Hälfte mit Salat, Gurke und Hähnchen belegen, mit Pinienkernen bestreuen und mit oberer Hälfte abdecken. Caesar-Baguette in 4 Stücke schneiden und servieren.

Alles Käse

Parmesan am Stück sollte in Butterbrot- oder Käsepapier eingewickelt werden, so wird er nicht feucht und hält sich ca. 3 Wochen im Kühlschrank. Geriebener Parmesan sollte nach Anbruch der Packung zügig verbraucht werden, da er schneller schimmelt. Beide Sorten lassen sich auch problemlos einfrieren.

Räucherlachssushi mit Dillcreme

Für 2 Personen   Zubereitungszeit 15 Min.   Kühlzeit 30 Min.

1721 kJ | 411 kcal

1/4 Salatgurke
3 EL Skyr, Natur
1/2 TL Zitronensaft
1/2 TL gehackter Dill
Salz, Pfeffer
8 Scheiben Räucherlachs

1 Gurke waschen, längs halbieren, Kerne mit einem Löffel entfernen und Gurke in feine Stifte schneiden. Für die Creme Skyr mit Zitronensaft, Dill, Salz und Pfeffer verrühren.

2 Räucherlachsscheiben nebeneinander leicht überlappend auf Frischhaltefolie legen, Dillcreme daraufgeben und vorsichtig verstreichen. Gurken mittig auf die Creme legen und mithilfe der Frischhaltefolie den Räucherlachs eng aufrollen. Frischhaltefolie an den Enden eindrehen und ca. 30 Minuten kalt stellen.

3 Frischhaltefolie entfernen und Räucherlachsrolle in ca. 2 cm breite Stücke schneiden. Räucherlachssushi servieren.

Sarahs Tipp:

Das Räucherlachssushi ist ein toller Snack am Abend und ideal zum Mitnehmen ins Büro. Die Rollen lassen sich gut vorbereiten und mit einer Bambusmatte unter der Frischhaltefolie lassen sie sich noch leichter einrollen.

Sauer & praktisch

Frischen Zitronen- und Limettensaft gibt es jetzt in vielen Supermärkten und Drogerien in kleinen Glasfläschen. Der Saft lässt sich super dosieren und ist auch geöffnet mindestens 14 Tage haltbar. Außerdem kannst du damit dein Mineralwasser aufpeppen.

Chorizowrap mit Salat

Für 2 Personen   **Zubereitungszeit 15 Min.**   **Garzeit 5 Min.**

1269 kJ | 303 kcal

150 g Pflücksalatmischung (Kühltheke)
1 Becher WW Frisches French Dressing mit Dijonsenf
2 kleine Tortillawraps
2 EL Salatcreme, bis 10 % Fett
Salz, Pfeffer
1/2 TL Curry
45 g Chorizoscheiben

1 Salat waschen, trocken schleudern und mit Dressing vermischen. Tortillawraps fettfrei in einer Pfanne auf mittlerer Stufe ca. 1 Minute von jeder Seite rösten. Salatcreme mit Salz, Pfeffer und Curry würzen.

2 Tortillawraps mit Creme bestreichen und etwas Salat darauf verteilen. Chorizo auf den Salat geben. Tortillawraps aufrollen und Chorizowrap mit restlichem Salat servieren.

Eine Prise Frankreich für deinen Salat

Das WW French Dressing ist leicht würzig und dank der Zugabe von körnigem Senf cremig zugleich. Ideal für jeden Salat, wenn es schnell gehen soll. Erhältlich in allen gut sortierten Supermärkten und auf wwshop.de.

Linsensalat mit Trauben und Walnüssen

Für 2 Personen   Zubereitungszeit 15 Min.   Garzeit 25 Min.   Kühlzeit 10 Min.

2403 kJ | 574 kcal

200 g trockene Puy-Linsen
Salz, Pfeffer
2 Karotten
1 gelbe Paprika
100 g kernlose helle
  Weintrauben
1 EL Olivenöl
3 EL dunkler Balsamicoessig
2 EL gehackte Walnüsse

1 Linsen nach Packungsanweisung in Salzwasser garen und ca. 10 Minuten abkühlen lassen. Karotten schälen und raspeln. Paprika waschen, entkernen und in feine Würfel schneiden. Weintrauben waschen und halbieren.

2 Für das Dressing Öl mit Essig, Salz und Pfeffer verrühren und mit Karotten, Paprika, Weintrauben, Walnüssen und Linsen mischen. Linsensalat servieren.

Sarahs Tipp:

Wenn ich wenig Zeit habe, nehme ich vorgegarte Linsen aus der Dose. Das Rezept ist ideal für die Resteverwertung, wenn du noch ein paar Karotten und Weintrauben übrig hast.

Spargel-Schinken-Röllchen

Für 2 Personen   **Zubereitungszeit 15 Min.**   **Garzeit 20 Min.**

624 kJ | 149 kcal

500 g weißer Spargel
Salz, Pfeffer
1 TL Zitronensaft
4 Scheiben gekochter
 Schinken
3 EL Crème légère
1 TL Honig
1 EL gehacktes Basilikum
1/2 TL heller Balsamicoessig

1 Spargel schälen und die holzigen Enden abschneiden. Salzwasser mit Zitronensaft aufkochen, Spargel darin 15–20 Minuten garen und abtropfen lassen. Spargel in 2 Portionen teilen und mit Schinken umwickeln.

2 Für den Dip Crème légère mit Honig und Basilikum verrühren. Mit Salz und Pfeffer würzen und mit Essig verfeinern. Spargel-Schinken-Röllchen mit Dip beträufeln und servieren.

Noch Crème légère übrig?

Du könntest sie auch für folgende Rezepte verwenden:
Tomaten mit Krabbenfüllung (S. 43)
Kartoffel-Broccoli-Gratin mit Parmesan-Kräuter-Kruste (S. 56)
Zucchinicouscous mit Karotten-Lachs-Klößchen (S. 60)

Karotten-Ananas-Salat mit Radicchio

Für 4 Personen **Zubereitungszeit 20 Min.**

850 kJ | 203 kcal

3 Karotten
1 Ananas (ca. 400 g)
1 Radicchio
100 g Cranberries
1/2 Bund Koriander
1 EL Sesamöl
3 EL Apfelessig
50 ml Ananassaft
Salz, Pfeffer
1 EL Sesam

1 Karotten schälen und grob raspeln. Ananas schälen, vierteln, den Strunk entfernen und Ananas würfeln. Radicchio waschen, trocken schleudern und Blätter in breite Streifen schneiden. Cranberries waschen und halbieren. Koriander waschen, trocken schütteln und grob hacken.

2 Für das Dressing Öl, Essig, Ananassaft, Salz und Pfeffer verrühren und mit Karotten, Ananas, Salat, Cranberries, Koriander und Sesam vermischen. Karotten-Ananas-Salat servieren.

Eiskalter Koriander
Gehackten Koriander gibt es von vielen Anbietern als Tiefkühlprodukt. Das ist ideal zum Portionieren, wenn du nur kleine Mengen benötigst.

Ausgetauscht
Wenn du keine frischen Cranberries bekommst, verwende stattdessen Physalis.

Gefüllte Eier

Für 12 Stück   Zubereitungszeit 15 Min.   Garzeit 10 Min.

 2 **0** **0**

218 kJ | 52 kcal

6 Eier (Größe M)
2 EL Salatcreme, bis 10 % Fett
1/2 TL Senf
Salz, Pfeffer
1/4 TL Paprikapulver
1 EL Schnittlauchringe

1 Eier in kochendem Wasser 8–10 Minuten hart kochen, abschrecken und pellen. Eier halbieren, Eigelb herauslösen, mit Salatcreme und Senf verrühren und mit Salz, Pfeffer und Paprikapulver würzen.

2 Eigelbmasse in einen Spritzbeutel mit Sterntülle füllen und Masse in die Eiweißmulden spritzen. Gefüllte Eier mit Schnittlauch bestreut servieren.

Thunfischvariante

Die Füllung kannst du auch mit dem restlichen Thunfisch (1/2 Dose Thunfisch im eigenen Saft), von S. 36 kombinieren. Allerdings solltest du die Füllung dann mit Hilfe eines Teelöffels einfüllen. Der SmartPoints Wert pro Stück ändert sich nicht.

Noch Salatcreme übrig?

Du könntest sie auch für folgende Rezepte verwenden:
Jackfruit-Tacos mit Chilimayonnaise (S. 15)
Caesar-Baguette mit Hähnchenstreifen (S. 19)
Chorizo-Wrap mit Salat (S. 23)

Kalte Gurken-Joghurt-Suppe mit Minze

Für 4 Personen   Zubereitungszeit 10 Min.

268 kJ | 64 kcal

1 Salatgurke
2 Stängel Minze
1 unbehandelte Zitrone
2 Radieschen
1 Frühlingszwiebel
300 g fettarmer Joghurt
Salz, Pfeffer

1 Gurke schälen, längs halbieren, Kerne mit einem Löffel entfernen und Gurke in Stücke schneiden. Minze waschen, trocken schütteln und fein hacken. 1 TL Zitronenschale abreiben und Zitrone auspressen.

2 Radieschen waschen und in feine Scheiben hobeln. Frühlingszwiebel waschen und in feine Ringe schneiden. Gurken mit Joghurt, Zitronensaft und -schale pürieren, mit Salz und Pfeffer abschmecken und mit Minze verfeinern. Gurken-Joghurt-Suppe mit Radieschen und Frühlingszwiebeln garniert servieren.

Grün, grün, grün …

Radieschenblätter sind essbar und schmecken ein bisschen wie Rucola. Sie können wie Kräuter zu Pesto, Suppe oder Sauce verarbeitet werden. Ein toller Nebeneffekt, die Blätter färben alles extrem grün. Dabei solltest du auf Bio-Qualität achten, andere Gemüsesorten werden oft gespritzt und können Pestizidrückstände enthalten.

Tipp

Serviere die Suppe an heißen Sommertagen mit Crushed Ice – herrlich erfrischend!

Griechischer Rote-Bete-Salat mit Granatapfel

Für 4 Personen   Zubereitungszeit 30 Min.   Garzeit 20 Min.

1005 kJ | 240 kcal

500 g vorgegarte Rote Bete (vakuumverpackt)
1 kleine rote Zwiebel
1 TL Zitronensaft
60 ml Rotweinessig
2 TL Olivenöl
Salz, Pfeffer
150 g Baby-Blattspinat
2 grüne Paprika
1 große Salatgurke
150 g Schafskäse, 25 % Fett i. Tr.
40 g entsteinte schwarze Oliven in Lake
1 kleiner Granatapfel
2 TL gehackter Oregano

1 Backofen auf 180° C (Gas: Stufe 2, Umluft: 160° C) vorheizen. Rote Bete in Spalten schneiden. Zwiebel schälen, in feine Ringe schneiden und mit Zitronensaft beträufeln. Rote Bete mit Zwiebeln auf ein mit Backpapier ausgelegtes Backblech geben und im Backofen auf mittlerer Schiene ca. 20 Minuten garen.

2 Für das Dressing Essig, Öl, Salz und Pfeffer verrühren. Spinat, Paprika und Gurke waschen. Spinat trocken schleudern. Paprika entkernen und in Würfel schneiden, Gurke längs halbieren und in Stifte schneiden. Schafskäse in kleine Würfel schneiden. Oliven längs halbieren. Granatapfel vierteln und die Kerne herauslösen.

3 Spinat, Paprika und Gurke mischen. Mit warmer Rote-Bete-Zwiebel-Mischung, Schafskäse und Oliven belegen. Salat mit Dressing beträufeln und mit Granatapfelkernen und Oregano bestreuen. Griechischen Rote-Bete-Salat servieren.

Noch Spinat übrig?

Püriere den Spinat mit Obst deiner Wahl und etwas Wasser – und schon hast du einen super leckeren grünen Smoothie! Du brauchst Spinat auch für das Rezept Thunfischsalat mit rotem Pesto (S. 16).

Thunfisch-Tramezzini mit Rucola

Für 2 Personen **Zubereitungszeit 15 Min.**

1210 kJ | 289 kcal

1 TL Kapern
1 Gewürzgurke
1/2 Dose Thunfisch im eigenen
   Saft (75 g Abtropfgewicht)
1 TL Senf
2 EL Frischkäse,
   bis 5 % Fett absolut
1 EL italienische Kräuter
Salz, Pfeffer
1 Handvoll Rucola
4 große Scheiben Toast
150 g Cocktailtomaten

1 Kapern hacken und Gewürzgurke fein würfeln. Thunfisch abtropfen lassen und mit einer Gabel zerdrücken. Thunfisch mit Kapern, Gewürzgurken, Senf, Frischkäse und Kräutern verrühren. Creme mit Salz und Pfeffer abschmecken.

2 Rucola waschen und trocken schleudern. 2 Toastscheiben mit Thunfischcreme bestreichen und mit Rucola belegen. Mit restlichen Toastscheiben abdecken und diagonal halbieren. Tomaten waschen, vierteln oder halbieren und zu den Thunfisch-Tramezzini servieren.

Konservenreste – immer umfüllen!
Den restlichen Thunfisch in Vorratsdosen aus Kunststoff oder Glas umfüllen, so ist er im Kühlschrank noch 1–2 Tage haltbar. Geöffnete Konservendosen sollten immer aufgebraucht oder umgefüllt werden, denn einmal geöffnet sind Konserven nicht mehr luftdicht verschlossen, was zu Qualitäts- und Geschmacksminderungen führen kann.

Tipp
Für original Tramezzini kannst du die Rinde vom Toast entfernen. Aus der getrockneten Rinde lässt sich gut selbst gemachtes Paniermehl herstellen.

Zitroniger Buchweizensalat mit Avocado

Für 6 Personen   **Zubereitungszeit 20 Min.**   **Garzeit 15 Min.**   **Kühlzeit 10 Min.**

1110 kJ | 265 kcal

300 g trockener Buchweizen
Salz, Pfeffer
1 Salatgurke
300 g gelbe Cocktailtomaten
1 Avocado (150 g)
1 unbehandelte Zitrone
2 TL Olivenöl
50 ml Gemüsebrühe
  (1/4 TL Instantpulver)
2 EL gehackte Petersilie
1 TL Honig

1 Buchweizen nach Packungsanweisung in Salzwasser garen und ca. 10 Minuten abkühlen lassen. Gurke waschen, längs halbieren und in Scheiben schneiden. Tomaten waschen und halbieren. Avocado halbieren, Stein entfernen, Fruchtfleisch aus der Schale lösen und Avocado würfeln. 1 TL Zitronenschale abreiben und Zitrone auspressen.

2 Für das Dressing Zitronensaft, -schale, Öl, Brühe, Petersilie, Honig, Salz und Pfeffer verrühren. Buchweizen mit Gurken, Tomaten, Avocado und Dressing vermengen und mit Salz und Pfeffer abschmecken. Buchweizensalat servieren.

WW Küchenwaage

Die WW Küchenwaage hilft dir deine SmartPoints Werte punktgenau zu bestimmen und ist dank ihrer einfachen Handhabung ein optimaler Küchenhelfer. Erhältlich im WW Studio oder auf wwshop.de.

Feldsalat mit Walnussdressing

Für 2 Personen   **Zubereitungszeit 15 Min.**

1076 kJ | 257 kcal

1 kleine Schalotte
2 vorgegarte Rote Beten
   (vakuumverpackt)
110 g Gouda, 30 % Fett i. Tr.
200 g Feldsalat
1 EL Kräuteressig
1 TL Senf
1 EL gehackte Walnüsse
50 ml Gemüsebrühe
   (1/4 TL Instantpulver)
1 TL Rapsöl
Salz, Pfeffer

1 Schalotte schälen und mit Roten Beten und Käse in Würfel schneiden. Salat waschen und trocken schleudern.

2 Für das Dressing Schalotten mit Essig, Senf, Walnüssen, Brühe und Öl pürieren und mit Salz und Pfeffer abschmecken. Rote Bete und Käse auf dem Salat anrichten und mit Walnussdressing beträufeln. Feldsalat servieren.

Rote Knollen

Vorgegarte Rote Bete gibt es meist in 500 g Verpackungen, nach dem Öffnen halten sich die Knollen gut verpackt im Kühlschrank etwa 2–3 Tage. Du kannst die restlichen Knollen mit 100 g Frischkäse, bis 5 % Fett, 1–2 TL Balsamicoessig und 1 TL Honig zu einem Brotaufstrich verarbeiten. Mit Salz und Rosmarin abschmecken. Berechne dafür insgesamt 2 SmartPoints in allen Plänen. Alternativ kannst du für dieses Rezept auch sauer eingelegte Rote Bete verwenden, wenn du sie gut abtropfen lässt.

Tomaten mit Krabbenfüllung

Für 2 Personen   Zubereitungszeit 15 Min.

452 kJ | 108 kcal

2 Fleischtomaten
100 g küchenfertige
**   Nordseekrabben**
3 EL Crème légère
1 TL Schnittlauchringe
1 TL gehackte Petersilie
Salz, Pfeffer

1 Tomaten waschen, Deckel abschneiden und Tomaten mit einem Teelöffel entkernen. Deckel in kleine Würfel schneiden. Für die Füllung Krabben abspülen, trocken tupfen und mit Tomatenwürfeln und Crème légère verrühren.

2 Krabbenmischung mit Schnittlauch und Petersilie verfeinern und mit Salz und Pfeffer abschmecken. Tomaten mit Salz und Pfeffer würzen, mit Krabbenmischung füllen und servieren.

Noch Crème légère übrig?

Du könntest sie auch für folgende Rezepte verwenden:
Spargel-Schinken-Röllchen (S. 27)
Kartoffel-Broccoli-Gratin mit Parmesan-Kräuter-Kruste (S. 56)
Kräuter-Folienspargel mit Rindersteak (S. 59)
Zucchinicouscous mit Karotten-Lachs-Klößchen (S. 60)

Frühstücks-Wrap mit Erdbeeren

Für 4 Personen   **Zubereitungszeit 10 Min.**   **Garzeit 5 Min.**

930 kJ | 222 kcal

400 g Erdbeeren
2 EL kernige Haferflocken
2 TL gehackte Minze
2 TL Agavendicksaft
250 g Skyr, Natur
4 kleine Tortillawraps

1 Erdbeeren waschen, trocken tupfen und würfeln. Haferflocken fettfrei in einer Pfanne auf mittlerer Stufe 2–3 Minuten rösten. Erdbeeren mit Minze, Agavendicksaft und Skyr verrühren.

2 Tortillawraps mit Erdbeerskyr bestreichen, mit Haferflocken bestreuen und Wraps zusammenklappen oder aufrollen. Frühstückswrap servieren.

Ohne Frühstück? Ohne dich!

Wenn du ausgewogen frühstückst, startest du voller Energie in den Tag und bekommst keine Heißhungerattacken. Das Frühstück kannst du auch sehr gut nutzen, um Reste zu verwerten. Wenn du Skyr, Joghurt oder Frischkäse übrig hast, kannst du daraus im Handumdrehen ein leckeres Frühstück zaubern. Entweder für dein Müsli, für Overnight-Oats oder für einen leckeren Brotaufstrich. Werde kreativ und starte deine persönliche No-Waste-Challenge.

Ausgetauscht

Egal ob herzhaft oder süß – der WW Protein Wrap hat in jedem Plan nur 3 SmartPoints. Erhältlich im WW Studio und auf wwshop.de.

Warmer Genuss

Gebratene Hähnchenbrust mit Süßkartoffelecken

Für 2 Personen   **Zubereitungszeit 20 Min.**   **Garzeit 35 Min.**

1859 kJ | 444 kcal

400 g Süßkartoffeln
2 TL Olivenöl
1 TL Paprikapulver
Salz, Pfeffer
500 g Flaschentomaten
1 Bund Frühlingszwiebeln
2 Hähnchenbrustfilets
   (à 120 g)
1 TL Zitronensaft
1 Prise Zucker
1 EL gehacktes Basilikum
50 ml Gemüsebrühe
   (1/4 TL Instantpulver)

1 Backofen auf 180° C (Gas: Stufe 2, Umluft: 160° C) vorheizen. Süßkartoffeln schälen, halbieren und in Spalten schneiden. Süßkartoffeln mit 1 TL Öl, Paprikapulver und Salz vermengen, auf einem mit Backpapier ausgelegten Backblech verteilen und im Backofen auf mittlerer Schiene ca. 35 Minuten backen.

2 Tomaten waschen und in dicke Scheiben schneiden. Frühlingszwiebeln waschen und in Ringe schneiden. Hähnchenbrustfilets trocken tupfen und flacher klopfen. Restliches Öl in einer Pfanne auf hoher Stufe erhitzen, Hähnchenbrustfilets darin 4–5 Minuten von jeder Seite braten, mit Salz und Pfeffer würzen und herausnehmen.

3 Tomaten und Frühlingszwiebeln im Bratensatz auf mittlerer Stufe kurz andünsten, mit Zitronensaft beträufeln, mit Zucker und Basilikum verfeinern, mit Brühe ablöschen und ca. 10 Minuten köcheln lassen. Mit Salz und Pfeffer würzen, Hähnchenbrust daraufgeben und kurz erwärmen. Gebratene Hähnchenbrust mit Süßkartoffelecken und Schmortomaten servieren.

Kichererbsencurry mit Lachs

Für 4 Personen   **Zubereitungszeit 15 Min.**   **Garzeit 25 Min.**

1917 kJ | 458 kcal

1 Bund Frühlingszwiebeln
je 1 kleine rote und gelbe
Paprika
300 g Lachsfilet
(frisch oder TK)
1 TL Sesamöl
2 TL gelbe Currypaste
500 g stückige Tomaten
(Konserve)
100 ml Gemüsebrühe
(1/2 TL Instantpulver)
150 ml fettreduzierte
Kokosmilch
2 Dosen Kichererbsen
(à 265 g Abtropfgewicht)
Salz, Pfeffer
1 TL Kreuzkümmel
1/2 TL Chiliflocken

1 Frühlingszwiebeln waschen und in Ringe schneiden. Paprika waschen, entkernen und würfeln. Lachsfilet abspülen, trocken tupfen, TK-Lachs gegebenenfalls auftauen lassen und in Würfel schneiden.

2 Öl in einem Topf auf mittlerer Stufe erhitzen und Frühlingszwiebeln mit Paprika darin ca. 5 Minuten andünsten. Currypaste dazugeben, mit Tomaten, Brühe und Kokosmilch ablöschen und ca. 10 Minuten köcheln lassen.

3 Kichererbsen abspülen, abtropfen lassen, zum Curry geben und mit Salz und Pfeffer würzen. Lachswürfel dazugeben und ca. 10 Minuten gar ziehen lassen. Kichererbsencurry mit Kreuzkümmel und Chiliflocken verfeinern und servieren.

Noch Kokosmilch übrig?

Du könntest sie auch für folgende Rezepte verwenden:
Garnelenpfanne mit Pak Choi und Zitronengras-Reis (S. 55)
Fischpfanne mit Kokosmilch (S. 92)
Chicken Korma mit Basmatireis (S. 99)
Geöffnete Kokosmilch solltest du im Kühlschrank aufbewahren
und innerhalb von 2 Tagen aufbrauchen.

Tipp

Currypaste hält sich mehrere Monate lang im Kühlschrank.

Spinat-Tomaten-Orzo

Für 4 Personen   Zubereitungszeit 15 Min.   Garzeit 10 Min.

1285 kJ | 307 kcal

240 g trockene Risoni-Nudeln
Salz, Pfeffer
je 200 g gelbe und rote
   Cocktailtomaten
300 g Baby-Blattspinat
100 g Schafskäse,
   25 % Fett i. Tr.
2 TL Olivenöl

1 Nudeln nach Packungsanweisung in Salzwasser garen. Tomaten und Spinat waschen und Spinat trocken schleudern. Tomaten halbieren. Schafskäse zerbröseln.

2 Öl in einer Pfanne auf mittlerer Stufe erhitzen, Tomaten darin ca. 5 Minuten anbraten, Spinat dazugeben und ca. 5 Minuten garen. Nudeln abgießen, unter das Gemüse heben und Spinat-Tomaten-Orzo mit Schafskäse bestreut servieren.

Blattspinat einfrieren

Du kannst restlichen Spinat blanchieren und einfrieren, so bleibt er frisch und bis zu 12 Monate lang haltbar.

Eine Nudel, viele Namen

Risoni-Nudeln haben viele Namen, auf Niederländisch heißen sie „Orzo", auf Italienisch „Risoni" und auf Griechisch „Kritharaki". Gemeint sind immer reiskornförmige Nudeln aus Hartweizengrieß.

Garnelenpfanne mit Pak Choi und Zitronengras-Reis

Für 2 Personen   **Zubereitungszeit 20 Min.**   **Garzeit 10 Min.**

1520 kJ | 363 kcal

200 g küchenfertige Garnelen
500 g Baby-Pak-Choi
1 kleine rote Chilischote
1 Stück Ingwer (ca. 1 cm)
2 Frühlingszwiebeln
1 Stängel Zitronengras
100 g trockener Minutenreis
Salz, Pfeffer
3 EL fettreduzierte
  Kokosmilch
1 TL Erdnussöl
2 EL Sojasauce
einige Tropfen Fischsauce
1 EL gehackter Koriander

1 Garnelen abspülen und trocken tupfen. Pak Choi waschen und in Stücke schneiden. Chilischote waschen, entkernen und in Ringe schneiden. Ingwer schälen und reiben. Frühlingszwiebeln waschen und in Ringe schneiden. Zitronengras waschen. Reis nach Packungsanweisung in 200 ml Salzwasser mit Kokosmilch und Zitronengras garen.

2 Öl in einer Pfanne auf hoher Stufe erhitzen, Garnelen darin ca. 4 Minuten rundherum braten, mit Salz und Pfeffer würzen und herausnehmen. Pak Choi im Bratensatz ca. 3 Minuten braten, Chiliringe und Ingwer dazugeben und kurz mitbraten. Mit Sojasauce und Fischsauce ablöschen, Garnelen dazugeben und kurz erwärmen.

3 Zitronengras aus dem Reis entfernen, Koriander und Frühlingszwiebeln unterheben und Garnelenpfanne mit Zitronengras-Reis servieren.

Sarahs Tipp:

Restliche Kokosmilch kannst du super in Eiswürfelbehältern einfrieren. So musst du nichts wegwerfen und die Kokosmilch ist gleich praktisch portioniert.

Chilischoten trocknen

Fädele die Schoten am Stiel auf eine Schnur und hänge sie an einem warmen, dunklen Ort auf. Nach 3 bis 6 Wochen sind die Chilis fertig getrocknet.

Kartoffel-Broccoli-Gratin mit Parmesan-Kräuter-Kruste

Für 4 Personen   **Zubereitungszeit 20 Min.**   **Garzeit 50 Min.**

1633 kJ | 390 kcal

800 g festkochende Kartoffeln
Salz, Pfeffer
1 kg Broccoli
1 Gemüsezwiebel
2 Scheiben gekochter Schinken
250 ml Gemüsebrühe (1 TL Instantpulver)
1 Ei (Größe M)
70 g Crème légère
1 Msp. geriebene Muskatnuss
40 g geriebener Parmesan
4 EL Paniermehl
1 EL gehackte Petersilie
1 TL gehackter Rosmarin
1 TL gehackter Thymian

1 Kartoffeln schälen, in Scheiben schneiden und in Salzwasser ca. 10 Minuten vorgaren. Broccoli waschen, in Röschen teilen und in Salzwasser ca. 5 Minuten garen. Zwiebel schälen und in Ringe schneiden. Schinken in Streifen schneiden.

2 Backofen auf 180° C (Gas: Stufe 2, Umluft: 160° C) vorheizen. Für die Sauce Brühe mit Ei, Crème légère, Salz, Pfeffer und Muskatnuss verrühren. Für die Kruste Parmesan mit Paniermehl, Petersilie, Rosmarin und Thymian vermischen.

3 Kartoffeln und Broccoli abgießen und in einer Auflaufform (ca. 25 x 30 cm) verteilen. Zwiebeln und Schinken daraufgeben, Sauce darübergießen und mit Parmesan-Kräuter-Mischung bestreuen. Kartoffel-Broccoli-Gratin im Backofen auf mittlerer Schiene 35–40 Minuten backen und servieren.

Kochen mit TK-Kräutern

Nicht alle Kräuter sind das ganze Jahr frisch erhältlich, oder vielleicht brauchst du nicht gleich ein ganzes Bund. Dann kommen Tiefkühlkräuter ins Spiel: Sie sind lange haltbar, vielfältig einsetzbar und bereits fein gehackt. Auch in Sachen Geschmack müssen sich Tiefkühlkräuter nicht verstecken, denn beim Schockfrosten bleiben ihre ätherischen Öle erhalten.

Kräuter-Folienspargel mit Rindersteak

Für 2 Personen   **Zubereitungszeit 30 Min.**   **Garzeit 40 Min.**

1352 kJ | 323 kcal

250 g grüner Spargel
250 g weißer Spargel
Salz, Pfeffer
1 TL Zucker
1 EL gehackter Estragon
2 EL gehackte Petersilie
1 Zwiebel
125 ml Gemüsebrühe
    (1/2 TL Instantpulver)
1 TL Speisestärke
1 EL Wasser
1 unbehandelte Zitrone
1 TL Senf
3 EL Crème légère
2 Rindersteaks (à 150 g)
1 TL Olivenöl

1 Backofen auf 180° C (Gas: Stufe 2, Umluft: 160° C) vorheizen. Grünen Spargel waschen und das untere Drittel schälen. Weißen Spargel schälen und die holzigen Enden abschneiden. Spargelstangen auf 2 Stücke Alufolie (ca. 40 x 30 cm) verteilen, mit Salz und Pfeffer würzen und mit Zucker verfeinern.

2 1/2 EL Estragon und 1/2 EL Petersilie auf dem Spargel verteilen. Alufolie zu Päckchen verschließen und im Backofen auf mittlerer Schiene ca. 40 Minuten garen.

3 Für die Kräutersauce Zwiebel schälen und fein würfeln. Zwiebeln mit Brühe in einem Topf auf mittlerer Stufe ca. 5 Minuten dünsten. Stärke mit Wasser anrühren, dazugeben und kurz aufkochen. Zitrone halbieren, eine Hälfte in Scheiben schneiden und restliche Zitronenhälfte auspressen. 1 TL Zitronensaft, Senf und Crème légère unter die Sauce rühren, mit restlichem Estragon und restlicher Petersilie verfeinern und mit Salz und Pfeffer abschmecken.

4 Rindersteaks trocken tupfen und mit Salz und Pfeffer würzen. Öl in einer Pfanne auf hoher Stufe erhitzen und Steaks darin 4–5 Minuten von jeder Seite braten. Folienspargel mit Zitronenscheiben garnieren und mit Rindersteak und Kräutersauce servieren.

So bleibt er knackig

Frischer Spargel hält sich am besten, wenn du ihn in ein feuchtes Tuch einschlägst und im Gemüsefach des Kühlschranks aufbewahrst.

Zucchinicouscous mit Karotten-Lachs-Klößchen

Für 2 Personen   **Zubereitungszeit 20 Min.**   **Garzeit 15 Min.**

2416 kJ | 577 kcal

2 Zucchini
2 Frühlingszwiebeln
2 Karotten
1 Zwiebel
200 g Lachsfilet
1 Ei (Größe M)
1 EL Paniermehl
1 TL Zitronensaft
2 TL gehackter Dill
Salz, Pfeffer
1 TL Olivenöl
100 g trockener Couscous
150 ml Gemüsebrühe
(1/2 TL Instantpulver)
2 EL Crème légère

1 Zucchini waschen und in Scheiben schneiden. Frühlingszwiebeln waschen und in Ringe schneiden. Karotten und Zwiebel schälen. Karotten fein reiben, in ein Küchentuch geben und überschüssige Flüssigkeit ausdrücken. Zwiebel fein hacken. Lachsfilet abspülen, trocken tupfen und hacken.

2 Lachsfilet mit Karotte, Zwiebel, Ei, Paniermehl, Zitronensaft, Dill, Salz und Pfeffer verkneten und mit feuchten Händen zu 6 Klößchen formen. Klößchen in siedendem Salzwasser 12–15 Minuten garen.

3 Öl in einer Pfanne auf mittlerer bis hoher Stufe erhitzen, Zucchini darin ca. 5 Minuten braten und mit Salz und Pfeffer würzen. Couscous dazugeben, mit Brühe ablöschen und auf mittlerer Stufe ca. 5 Minuten köcheln lassen.

4 Karotten-Lachs-Klößchen mit einer Schaumkelle aus dem Wasser heben. Zucchinicouscous mit Frühlingszwiebeln verfeinern und mit Salz und Pfeffer abschmecken. Zucchinicouscous mit Karotten-Lachs-Klößchen und Crème légère als Dip servieren.

Frühlingszwiebeln on Ice

Frühlingszwiebeln gibt es meist nur im Bund – aber das ist kein Problem, denn sie lassen sich gut einfrieren. Restliche Frühlingszwiebeln gründlich waschen und in Ringe schneiden. Die Frühlingszwiebeln in eine verschließbare Gefrierbox füllen und ab ins Gefrierfach.

Gemüsereis mit Ei und Räuchertofu

Für 2 Personen **Zubereitungszeit 20 Min.** **Garzeit 15 Min.**

2755 kJ | 658 kcal

100 g Erbsen (TK)
120 g trockener Langkornreis
Salz, Pfeffer
2 Karotten
250 g Champignons
1 rote Zwiebel
50 g Bambussprossen
  (Konserve)
200 g Räuchertofu
1 kleine rote Chilischote
1 Knoblauchzehe
1 TL Erdnussöl
3 EL Sojasauce
3 Eier (Größe M)
1 TL Limettensaft
1 EL gehackter Koriander

1 Erbsen auftauen lassen. Reis nach Packungsanweisung in Salzwasser garen. Karotten schälen und in feine Streifen schneiden. Champignons trocken abreiben und in Scheiben schneiden. Zwiebel schälen und in Ringe schneiden. Bambussprossen abtropfen lassen und in Streifen schneiden. Räuchertofu würfeln. Chilischote waschen, entkernen und fein würfeln. Knoblauch pressen.

2 Öl in einer Pfanne auf mittlerer bis hoher Stufe erhitzen und Reis mit Karotten, Zwiebeln, Knoblauch, Erbsen, Chili und Tofu darin 3–4 Minuten anbraten. Champignons und Bambussprossen dazugeben und ca. 5 Minuten mitbraten. Mit Salz und Pfeffer würzen und mit Sojasauce verfeinern.

3 Eier mit Salz und Pfeffer verquirlen, zum Gemüsereis geben und unter Rühren ca. 3 Minuten stocken lassen. Gemüsereis mit Limettensaft verfeinern und mit Koriander bestreut servieren.

Bambussprossen

Angebrochene Konservengläser mit Bambussprossen sollten gut verschlossen im Kühlschrank gelagert und innerhalb von 2–3 Tagen verzehrt werden. Bambussprossen gehören zu den ZeroPoint Foods, so kannst du auch die Menge erhöhen, wenn du gerne Bambussprossen isst und die Pilzmenge entsprechend reduzieren.

Filet im Kräutermantel mit Karotten und Drillingen

Für 4 Personen   **Zubereitungszeit 25 Min.**   **Garzeit 25 Min.**

1763 kJ | 421 kcal

1/2 Bund Petersilie
3 Stängel Salbei
2 Stängel Thymian
1 TL Kapern
1 Knoblauchzehe
1 TL abgeriebene unbe-
   handelte Zitronenschale
120 ml Gemüsebrühe
   (1/2 TL Instantpulver)
600 g Schweinefilet
2 TL Rapsöl
Salz, Pfeffer
1 kg Drillinge
   (kleine Kartoffeln)
600 g Karotten
1 EL Honig

1 Für den Kräutermantel Petersilie, Salbei und Thymian waschen, trocken schütteln und mit Kapern und Knoblauch hacken. Zitronenschale mit Kräutern und 3 EL Brühe verrühren.

2 Backofen auf 180° C (Gas: Stufe 2, Umluft: 160° C) vorheizen. Schweinefilet trocken tupfen. Öl in einer Pfanne auf hoher Stufe erhitzen und Schweinefilet darin ca. 5 Minuten rundherum braten. Mit Salz und Pfeffer würzen, in eine Auflaufform (ca. 20 x 25 cm) legen, Kräutermasse darauf verstreichen und im Backofen auf mittlerer Schiene 20–25 Minuten garen.

3 Drillinge waschen und mit Schale in Salzwasser ca. 20 Minuten garen. Karotten schälen und in dünne Scheiben schneiden. Bratensatz mit restlicher Brühe ablöschen und Karotten darin ca. 5 Minuten dünsten. Honig dazugeben, Karotten karamellisieren lassen und mit Salz und Pfeffer würzen. Drillinge abgießen. Filet im Kräutermantel mit karamellisierten Karotten und Drillingen servieren.

Vitamin C Power auf Vorrat

Unbehandelte Schalen von Zitronen, Limetten und Orangen kannst du im Backofen auf einem mit Backpapier ausgelegten Rost bei 50 Grad ca. 2 Stunden durchtrocknen lassen. Anschließend lassen sich die Schalen einfach zu Pulver zermahlen, mit dem du backen oder deine Smoothies verfeinern kannst.

Spaghetti alla Caprese

Für 2 Personen   **Zubereitungszeit 10 Min.**   **Garzeit 10 Min.**

1825 kJ | 436 kcal

120 g trockene Spaghetti
Salz, Pfeffer
500 g Cocktailtomaten
1 Bund Basilikum
150 g fettreduzierte
   Mozzarella-Minis
1/2 unbehandelte Zitrone
2 TL Kürbiskerne
1 TL Olivenöl

1 Nudeln nach Packungsanweisung in Salzwasser garen. Tomaten waschen und halbieren. Basilikum waschen, trocken schütteln und Blätter abzupfen. Mozzarella trocken tupfen. 1/2 TL Zitronenschale abreiben und Zitronenhälfte auspressen.

2 Für das Topping Kürbiskerne hacken und mit Zitronen-schale vermischen. Nudeln abgießen und mit Tomaten, Mozzarella, Öl, 1 EL Zitronensaft und Basilikum vermi-schen. Spaghetti alla Caprese mit Salz und Pfeffer würzen und mit Kürbis-Zitronen-Topping bestreut servieren.

Sarahs Tipp:

Das Rezept ist super schnell zubereitet und schmeckt Freunden und der Familie super. Mit Vollkornnudeln kannst du im lila Programm zusätzlich noch ein paar Punkte sparen.

Halbierte Zitronen oder Limetten aufbewahren

Angeschnittene Zitronen/Limetten fest mit Klarsichtfolie abdecken, so halten sie im Kühlschrank 3–4 Tage.

Spargel-Limetten-Suppe mit Jakobsmuschelspießen

Für 2 Personen   **Zubereitungszeit 25 Min.**   **Garzeit 20 Min.**

1193 kJ | 285 kcal

300 g weißer Spargel
Salz, Pfeffer
1 unbehandelte Limette
1 Prise Zucker
1 kleine Zwiebel
3 TL Rapsöl
1 EL Mehl
100 g Frischkäse,
   bis 5 % Fett absolut
8 küchenfertige Jakobs-
   muscheln (à 40 g)
1 EL gehackte Petersilie

1 Spargel waschen, schälen, die holzigen Enden abschneiden und Spargelschalen und -enden beiseitestellen. Spargel in Stücke schneiden und in 600 ml Salzwasser ca. 10 Minuten garen.

2 1 Msp. Limettenschale abreiben und Limette auspressen. Spargelstücke abgießen, dabei das Kochwasser auffangen. Spargelschalen und -enden im Kochwasser mit Zucker, Limettenschale und 2 TL Limettensaft mit Deckel ca. 10 Minuten köcheln lassen. Spargelschalen und -enden abgießen und den Sud dabei auffangen.

3 Zwiebel schälen und in kleine Würfel schneiden. 1 TL Öl in einem Topf auf mittlerer Stufe erhitzen und Zwiebeln darin 2–3 Minuten andünsten. Zwiebel mit Mehl bestäuben, kurz mitdünsten, unter Rühren mit Spargelsud ablöschen und aufkochen lassen. Frischkäse in der Suppe verrühren, Spargel darin erwärmen und Suppe mit Salz und Pfeffer abschmecken.

4 Jakobsmuscheln abspülen, trocken tupfen, mit 1 TL Limettensaft beträufeln und auf 2 Spieße stecken. Restliches Öl in einer Pfanne auf hoher Stufe erhitzen, Jakobsmuschelspieße darin 1–2 Minuten von jeder Seite braten und mit Salz und Pfeffer würzen. Spargel-Limetten-Suppe mit Petersilie bestreuen und mit Jakobsmuschelspießen servieren.

Lachs Bordelaise mit Kartoffelpfanne

Für 4 Personen   **Zubereitungszeit 20 Min.**   **Garzeit 20 Min.**

2257 kJ | 539 kcal

1/2 unbehandelte Zitrone
1 Knoblauchzehe
2 Zweige Thymian
4 Stängel Petersilie
800 g festkochende
**   Kartoffeln**
4 Lachsfilets (à 125 g)
800 g Broccoli
4 EL Paniermehl
1 TL Senf
2 EL Halbfettmargarine
Salz, Pfeffer
1 TL Rapsöl
200 ml Gemüsebrühe
**   (1 TL Instantpulver)**

1 Backofen auf 200° C (Gas: Stufe 3, Umluft: 180° C) vorheizen. 1 TL Zitronenschale abreiben und Zitronenhälfte auspressen. Knoblauch pressen. Thymian und Petersilie waschen, trocken schütteln und hacken. Kartoffeln schälen und würfeln. Lachsfilets abspülen und trocken tupfen. Broccoli waschen und in Röschen teilen.

2 Für die Kruste Paniermehl mit Kräutern, 1/2 TL Zitronenschale, Senf, Knoblauch, Margarine, Salz und Pfeffer vermischen. Lachsfilets in eine Auflaufform (ca. 20 x 30 cm) legen, mit Salz und Pfeffer würzen, mit 1 TL Zitronensaft beträufeln und Kruste darauf verteilen. Lachs im Backofen auf mittlerer Schiene ca. 20 Minuten backen.

3 Öl in einer Pfanne auf mittlerer bis hoher Stufe erhitzen und Kartoffeln darin ca. 5 Minuten anbraten. Broccoli dazugeben, mit Brühe ablöschen und mit Deckel ca. 15 Minuten garen. Kartoffel-Broccoli-Pfanne mit restlichem Zitronensaft und restlicher Zitronenschale verfeinern und mit Salz und Pfeffer würzen. Lachs Bordelaise mit Kartoffelpfanne servieren.

Tipp

Wusstest du, dass du beim Broccoli auch den Strunk essen kannst? Einfach schälen, in Scheiben oder Würfel schneiden und mitkochen – fertig.

Mediterrane Gemüselasagne

Für 4 Personen   **Zubereitungszeit 25 Min.**   **Garzeit 45 Min.**

2052 kJ | 490 kcal

1 Gemüsezwiebel
2 rote Paprika
2 Auberginen
2 Zucchini
3 Zweige Thymian
2 Zweige Rosmarin
12 entsteinte schwarze
   Oliven in Lake
2 TL Olivenöl
2 TL Kapern
800 g stückige Tomaten
   (Konserve)
250 ml Gemüsebrühe
   (1 TL Instantpulver)
Salz, Pfeffer
1 TL gehackter Oregano
12 trockene Lasagneblätter
70 g geriebener Parmesan

1 Zwiebel schälen und würfeln. Paprika waschen und entkernen. Auberginen und Zucchini waschen und mit Paprika in Würfel schneiden. Thymian und Rosmarin waschen, trocken schütteln und hacken. Oliven in Ringe schneiden.

2 Backofen auf 200° C (Gas: Stufe 3, Umluft: 180° C) vorheizen. Öl in einer Pfanne auf mittlerer Stufe erhitzen und Zwiebeln darin 2–3 Minuten andünsten. Paprika, Auberginen und Zucchini dazugeben und ca. 5 Minuten mitbraten. Kapern und Oliven dazugeben und mit Tomaten und Brühe ablöschen. Gemüsesauce mit Salz und Pfeffer würzen, mit Thymian, Rosmarin und Oregano verfeinern und ca. 5 Minuten köcheln lassen.

3 Gemüsemischung und Lasagneblätter im Wechsel in eine Auflaufform (ca. 20 x 30 cm) schichten, dabei mit der Gemüsemischung beginnen und abschließen. Mediterrane Gemüselasagne mit Parmesan bestreuen, im Backofen auf mittlerer Schiene 25–30 Minuten backen und servieren.

Gemüsereste?

Das Rezept ist ideal für eine Resteverwertung – hier kannst du deine Gemüsereste super verwenden.

Minzcouscous mit Limetten-hähnchen und Spinatsalat

Für 2 Personen **Zubereitungszeit 20 Min.** **Garzeit 10 Min.** **Marinierzeit 5 Min.**

1758 kJ | 420 kcal

1/2 unbehandelte Limette
2 Hähnchenbrustfilets
    (à 150 g)
Salz, Pfeffer
3 TL Olivenöl
1 TL Honig
1/2 TL Senf
150 g Baby-Blattspinat
110 g trockener Couscous
1 EL gehackte Minze
2 EL fettarmer Joghurt

1 1 Msp. Limettenschale abreiben und Limettenhälfte aus-pressen. Hähnchenbrustfilets trocken tupfen, flacher klopfen, mit 1 TL Limettensaft, -schale, Salz und Pfeffer in einen Gefrierbeutel geben, gut verkneten und im Kühlschrank ca. 5 Minuten marinieren.

2 Für das Dressing 2 TL Öl, restlichen Limettensaft, Honig, Senf, Salz und Pfeffer verrühren. Spinat waschen und trocken schleudern. Couscous nach Packungsan-weisung in Salzwasser garen.

3 Hähnchenbrustfilets abtropfen lassen. Restliches Öl in einer Pfanne auf hoher Stufe erhitzen und Hähnchen-brustfilets darin 3–4 Minuten von jeder Seite braten. Couscous mit Minze verfeinern. Salat mit Dressing ver-mischen. Minzcouscous mit Joghurt garnieren und mit Limettenhähnchen und Spinatsalat servieren.

Lust auf Nachtisch?

Einfach eine Handvoll Obst, wie z. B. Trauben, mit dem restlichen Joghurt vermischen.

Scharf-würziger Broccoli mit Schweinefilet und Basmatireis

Für 2 Personen   Zubereitungszeit 15 Min.   Garzeit 20 Min.

1738 kJ | 415 kcal

1 Stück Ingwer (ca. 1 cm)
1 Knoblauchzehe
500 g Stangenbroccoli
3 EL Sojasauce
1 EL Teriyakisauce
2 EL Limettensaft
2 TL Honig
1/4 TL Chiliflocken
4 Schweinefiletmedaillons
   (à 60 g)
80 g trockener Basmatireis
Salz, Pfeffer
1 TL Sesamöl

1 Ingwer schälen und reiben. Knoblauch pressen. Broccoli waschen. Für die Würzsauce Sojasauce mit Teriyakisauce, Limettensaft, Honig, Knoblauch, Ingwer und Chiliflocken verrühren. Schweinefiletmedaillons trocken tupfen.

2 Reis nach Packungsanweisung in Salzwasser garen. Öl in einer Pfanne auf hoher Stufe erhitzen, Schweinefiletmedaillons darin 4–5 Minuten von jeder Seite braten, mit Salz und Pfeffer würzen, herausnehmen und warm stellen.

3 Broccoli im Bratensatz auf mittlerer Stufe 2–3 Minuten braten, mit Würzsauce ablöschen und ca. 5 Minuten köcheln lassen. Scharf-würzigen Broccoli mit Schweinefilet und Basmatireis servieren.

Stangenbroccoli ...
... wird auch als Spargoli bezeichnet und ist geschmacklich eine Mischung aus Broccoli und grünem Spargel.

Ausgetauscht
Wenn du Stangenbroccoli durch normalen Broccoli ersetzt, blanchierst du diesen am besten erst 4–5 Minuten in Salzwasser.

Kabeljau mit Parmesankruste und Ofengemüse

Für 2 Personen   **Zubereitungszeit 15 Min.**   **Garzeit 20 Min.**

1306 kJ | 312 kcal

1/2 unbehandelte Zitrone
1 Aubergine
2 Tomaten
1 Zucchini
Salz, Pfeffer
1 TL gehackter Rosmarin
1 TL Olivenöl
1 EL Halbfettmargarine
2 EL geriebener Parmesan
2 EL Paniermehl
2 Kabeljaufilets (à 150 g)

1 Backofen auf 180° C (Gas: Stufe 2, Umluft: 160° C) vorheizen. 1 TL Zitronenschale abreiben und Zitronenhälfte auspressen. Aubergine mit Tomaten und Zucchini waschen und würfeln. Auberginen, Tomaten und Zucchini in einer Auflaufform (ca. 20 x 30 cm) verteilen und mit Salz, Pfeffer, Rosmarin, Öl und Zitronensaft mischen.

2 Margarine schmelzen. Parmesan mit Zitronenschale, Paniermehl und Margarine mischen. Kabeljaufilets abspülen, trocken tupfen und mit Salz und Pfeffer würzen. Kabeljaufilets mit Parmesanmischung bestreichen, auf das Gemüse legen und im Backofen auf mittlerer Schiene ca. 20 Minuten backen. Kabeljau mit Ofengemüse servieren.

Paniermehl selber machen

Brotreste kannst du einfach zu Paniermehl verarbeiten. Altbackenes Brot in Würfel schneiden, einige Tage gut durchtrocknen lassen und dann fein reiben. Alternativ kannst du die Brotwürfel in einen Gefrierbeutel füllen und mit einer Küchenrolle zerkleinern. Das fertige Paniermehl kühl und trocken lagern.

Lammfilets im Petersilienmantel mit gebratenem Chicorée

Für 2 Personen   **Zubereitungszeit 20 Min.**   **Garzeit 15 Min.**

1964 kJ | 469 kcal

100 g trockener Naturreis
Salz, Pfeffer
1/2 Bund Petersilie
15 g Pistazienkerne
500 g Chicorée
4 Lammfilets (à 75 g)
1 TL Rapsöl
2 EL Weißweinessig
4 EL Gemüsebrühe
    (1/4 TL Instantpulver)
1 TL Honig
1 TL Senf

1 Reis nach Packungsanweisung in Salzwasser garen. Petersilie waschen, trocken schütteln, mit Pistazien fein hacken und vermischen. Chicorée waschen und vierteln. Lammfilets trocken tupfen.

2 Öl in einer Pfanne auf hoher Stufe erhitzen, Lammfilets darin ca. 5 Minuten rundherum braten, mit Salz und Pfeffer würzen, herausnehmen und warm stellen.

3 Chicorée im Bratensatz 2–3 Minuten braten, mit Essig und Brühe ablöschen, mit Salz und Pfeffer würzen und mit Honig verfeinern. Lammfilets mit Senf bestreichen und in der Petersilien-Pistazien-Mischung wenden. Lammfilets im Petersilienmantel mit Chicorée und Reis servieren.

All-in-one-Garnelentopf

Für 4 Personen   Zubereitungszeit 10 Min.   Garzeit 20 Min.

1914 kJ | 457 kcal

1 Zwiebel
2 Stangen Lauch
1 EL Olivenöl
1 EL Thymian
2 Knoblauchzehen
1 rote Chilischote
500 g Cocktailtomaten
2 EL Tomatenmark
350 g trockene Vollkorn-
   Spaghetti
300 g küchenfertige Garnelen
4 Stängel Basilikum

1 Zwiebel schälen und fein würfeln. Lauch waschen und in feine Ringe schneiden. Öl in einem Topf auf mittlerer bis hoher Stufe erhitzen, Zwiebeln, Lauch und Thymian dazugeben, Knoblauch dazupressen und ca. 7 Minuten braten. Chilischote waschen, entkernen, in feine Ringe schneiden, zur Zwiebel-Lauch-Mischung hinzufügen und ca. 1 Minute mitgaren.

2 Tomaten waschen, mit Tomatenmark, 850 ml Wasser und Nudeln in den Topf geben, aufkochen und ca. 8 Minuten köcheln lassen. Garnelen abspülen, trocken tupfen, zufügen und weitere ca. 2 Minuten köcheln lassen. Basilikum waschen, trocken schütteln, 1 EL in Streifen schneiden und unterrühren. One-Pot-Pasta mit restlichen Basilikumblättern garnieren und servieren.

Tipp

Lass die Spaghetti aufrecht im Topf stehen, bis die untere Hälfte weichgekocht ist. So verhinderst du, dass die Nudeln brechen. Rühre das One-Pot-Gericht regelmäßig um, damit die Zutaten gleichmäßig garen.

Gut kombiniert

Dazu passt ein gemischter Salat, den du mit Zitronensaft beträufeln kannst. Der SmartPoints Wert verändert sich dadurch nicht!

Bauernfrühstück mit Spargel und Schinken

Für 4 Personen Zubereitungszeit 25 Min. Garzeit 35 Min. Kühlzeit 5 Min.

1197 kJ | 286 kcal

400 g festkochende
 Kartoffeln
Salz, Pfeffer
1 Zwiebel
500 g grüner Spargel
4 Scheiben gekochter
 Schinken
1 EL Halbfettmargarine
6 Eier (Größe M)
100 ml entrahmte Milch
1 EL gehackte Petersilie

1 Kartoffeln schälen, in kleine Stücke schneiden und in Salzwasser 15–20 Minuten garen. Zwiebel schälen und würfeln. Spargel waschen, das untere Drittel schälen und Spargel in kleine Stücke schneiden. Schinken in Streifen schneiden. Kartoffeln abgießen und ca. 5 Minuten abkühlen lassen.

2 Margarine in einer großen Pfanne auf mittlerer Stufe erhitzen, Kartoffeln, Zwiebeln und Spargel darin 2–3 Minuten anbraten und Schinken dazugeben.

3 Eier mit Milch, Salz, Pfeffer und Petersilie verquirlen und über die Kartoffelmasse gießen. Bauernfrühstück 5–10 Minuten stocken lassen und servieren.

Kartoffeln vom Vortag?

Gekochte Kartoffeln vom Vortag, Gemüsereste oder noch viele Eier im Kühlschrank – beim Bauernfrühstück kannst du alles individuell miteinander kombinieren.

Gebratene Mie-Nudeln mit Hähnchenbrust

Für 4 Personen   Zubereitungszeit 30 Min.   Garzeit 20 Min.

2106 kJ | 503 kcal

3 Karotten
700 g Pak Choi
1 Bund Frühlingszwiebeln
1 Knoblauchzehe
250 g trockene Mie-Nudeln
Salz, Pfeffer
600 g Hähnchenbrustfilet
1 EL Speisestärke
6 EL Sojasauce
1 EL Honig
1/4 TL 5-Gewürze-Pulver
je 2 TL Sesam- und Erdnussöl
1 TL Curry

1 Karotten schälen, längs halbieren und schräg in Scheiben schneiden. Pak Choi und Frühlingszwiebeln waschen. Pak Choi in Streifen und Frühlingszwiebeln in Ringe schneiden. Knoblauch hacken. Nudeln nach Packungsanweisung in Salzwasser garen.

2 Hähnchenbrustfilet trocken tupfen und würfeln. Stärke mit 4 EL Sojasauce verquirlen und Honig einrühren. Hähnchenbrust unter die Sauce heben und mit 5-Gewürze-Pulver und Pfeffer würzen. Nudeln abgießen.

3 Erdnussöl in einem Wok auf mittlerer bis hoher Stufe erhitzen, Fleisch darin 5–7 Minuten rundherum braten und herausnehmen. Sesamöl im Bratensatz erhitzen, Nudeln darin ca. 5 Minuten braten und herausnehmen. Karotten mit Knoblauch im Bratensatz ca. 3 Minuten anbraten. Pak Choi zufügen, mit Curry würzen und weitere 5–7 Minuten braten.

4 Hähnchenbrust, Nudeln und Frühlingszwiebeln unter das Gemüse heben und erwärmen. Gebratene Mie-Nudeln mit restlicher Sojasauce würzen, mit Salz abschmecken und servieren.

Sarahs Tipp:

Für mehr Schärfe füge ich immer noch 1 TL Sambal Oelek hinzu, dann schmeckt es mir noch besser.

Linsen-Kichererbsen-Suppe mit Harissa

Für 4 Personen   Zubereitungszeit 5 Min.   Garzeit 30 Min.

1629 kJ | 389 kcal

1 Zwiebel
1 TL Olivenöl
1 TL Kreuzkümmel
250 g trockene rote Linsen
1,5 Liter Gemüsebrühe
   (6 1/2 TL Instantpulver)
2 Dosen Kichererbsen
   (à 265 g Abtropfgewicht)
1 1/2 EL Harissapaste
Salz, Pfeffer
100 g griechischer Joghurt,
   bis 0,2 % Fett

1 Zwiebel schälen und in große Würfel schneiden. Öl in einem Topf auf mittlerer Stufe erhitzen, Zwiebeln darin 6–8 Minuten anbraten und mit Kreuzkümmel würzen. Linsen dazugeben und mit Brühe ablöschen. Suppe aufkochen und ca. 15 Minuten köcheln lassen.

2 Kichererbsen abspülen, abtropfen lassen, die Hälfte zur Suppe geben und Suppe pürieren. Restliche Kichererbsen und 1 EL Harissapaste unterrühren und weitere ca. 5 Minuten köcheln lassen. Linsen-Kichererbsen-Suppe mit Salz und Pfeffer abschmecken, mit Joghurt und restlicher Harissapaste garnieren und servieren.

Tipp

Die roten Linsen und Kichererbsen machen diese Suppe deftig und super lecker. Zu der Suppe passt auch sehr gut gehackter Koriander. Du kannst die Suppe außerdem einfrieren, dann ist sie bis zu 3 Monate lang haltbar.

Linsennudeln mit Schweinemedaillons

Für 4 Personen   **Zubereitungszeit 20 Min.**   **Garzeit 15 Min.**

1691 kJ | 404 kcal

600 g Mangold
400 g braune Champignons
1 Schalotte
400 g Schweinefilet
250 g trockene rote
   Linsennudeln
Salz, Pfeffer
2 TL Olivenöl
1 EL italienische Kräuter (TK)
200 ml Gemüsebrühe
   (1 TL Instantpulver)
100 g Frischkäse,
   bis 5 % Fett absolut

1 Mangold waschen, trocken schleudern und weiße Stiele von den Blättern schneiden. Blätter in breite und Stiele in feine Streifen schneiden. Champignons trocken abreiben und in Scheiben schneiden. Schalotte schälen und würfeln. Schweinefilet trocken tupfen und in 8 Medaillons schneiden.

2 Linsennudeln nach Packungsanweisung in Salzwasser garen. 1 TL Öl in einer Pfanne auf hoher Stufe erhitzen und Schweinemedaillons darin 3–4 Minuten von jeder Seite braten. Mit Salz und Pfeffer würzen, herausnehmen und warm stellen.

3 Restliches Öl im Bratensatz erhitzen und Mangold mit Schalotten und Champignons darin 5–7 Minuten braten. Mit Salz und Pfeffer würzen, mit Kräutern verfeinern und mit Brühe ablöschen. Frischkäse einrühren und aufkochen lassen. Schweinemedaillons dazugeben und kurz erwärmen. Linsennudeln abgießen und mit Schweinemedaillons und Mangold-Pilz-Pfanne servieren.

Schon gewusst?

Linsennudeln sowie weitere Nudeln aus Hülsenfrüchten bekommst du mittlerweile in vielen Supermärkten, im Bioladen oder in Drogeriegeschäften.

Fischpfanne mit Kokosmilch

Für 6 Personen   Zubereitungszeit 30 Min.   Garzeit 25 Min.   Marinierzeit 30 Min.

1574 kJ | 376 kcal

6 Seebarschfilets mit Haut
   (à 150 g)
1 Knoblauchzehe
1/2 Limette
Salz, weißer Pfeffer
180 g trockener Basmatireis
6 Tomaten
2 rote Spitzpaprika
1 große Zwiebel
1/2 Bund Petersilie
1 EL Olivenöl
2 TL Paprikapulver
240 ml fettreduzierte
   Kokosmilch

1 Seebarschfilets abspülen und trocken tupfen. Für die Marinade Knoblauch hacken. Limettenhälfte auspressen und Saft mit 3/4 TL Salz, 1 Prise Pfeffer und Knoblauch vermischen. Seebarschfilets mit der Marinade in einen Gefrierbeutel geben, vorsichtig verkneten und im Kühlschrank ca. 30 Minuten marinieren.

2 Reis nach Packungsanweisung in Salzwasser garen. Tomaten waschen, kreuzweise einschneiden, mit kochendem Wasser überbrühen, häuten und in dicke Scheiben schneiden. Paprika waschen, entkernen und in Ringe schneiden. Zwiebel schälen und würfeln. Petersilie waschen, trocken schütteln und grob hacken.

3 Öl in einer Pfanne auf mittlerer Stufe erhitzen, Zwiebeln dazugeben und kurz andünsten. Tomaten, Paprika und Paprikapulver dazugeben, mit Salz und Pfeffer würzen und mit Deckel ca. 8 Minuten köcheln lassen.

4 Fisch auf das Gemüse legen und mit Deckel weitere 12–15 Minuten garen. Kokosmilch und Petersilie dazugeben und aufkochen. Fischpfanne mit Reis servieren.

Fettreduzierte Kokosmilch …

… findest du in gut sortierten Supermärkten und bei vielen Discountern. Es gibt sie in verschiedensten Verpackungsgrößen, in Dosen oder in Tetra-Packs.

Frittata
mit gerösteten Pinienkernen

Für 2 Personen **Zubereitungszeit 15 Min.** **Garzeit 20 Min.**

1922 kJ | 459 kcal

2 getrocknete Tomaten
　　ohne Öl
50 ml heiße Gemüsebrühe
　　(1/4 TL Instantpulver)
300 g festkochende
　　Kartoffeln
Salz, Pfeffer
2 Stängel Basilikum
2 Zweige Thymian
4 Eier (Größe M)
4 TL Pinienkerne
1 rote Zwiebel
1 Zucchini
1 rote Paprika
1 TL Olivenöl

1 Tomaten ca. 10 Minuten in Brühe einweichen. Kartoffeln schälen, in Scheiben schneiden und in Salzwasser ca. 10 Minuten garen. Tomaten abgießen.

2 Basilikum mit Thymian waschen, trocken schütteln, mit Tomaten hacken und mit Eiern, Salz und Pfeffer verquirlen. Pinienkerne fettfrei in einer Pfanne auf mittlerer Stufe 2–3 Minuten rösten.

3 Zwiebel schälen und in Streifen schneiden. Zucchini und Paprika waschen. Paprika entkernen und mit Zucchini in kleine Würfel schneiden. Kartoffeln abgießen.

4 Öl in einer Pfanne auf mittlerer Stufe erhitzen, Zwiebeln, Zucchini und Paprika darin 2–3 Minuten braten und mit Salz und Pfeffer würzen. Kartoffeln dazugeben, kurz mitbraten, mit Eimasse übergießen und 5–7 Minuten stocken lassen. Frittata mit gerösteten Pinienkernen bestreut servieren.

One-Pot-Pasta mit Spitzkohl

Für 2 Personen **Zubereitungszeit 30 Min.** **Garzeit 35 Min.**

1683 kJ | 402 kcal

1 Zwiebel
1 kleiner Spitzkohl
3 Stängel Petersilie
1 TL Rapsöl
100 g magere Schinkenwürfel
130 g trockene Penne
250 ml Gemüsebrühe
   (1 TL Instantpulver)
Salz, Pfeffer

1 Zwiebel schälen. Spitzkohl putzen, vierteln, den Strunk entfernen und Kohl mit Zwiebel in Streifen schneiden. Petersilie waschen, trocken schütteln und hacken.

2 Öl in einem Topf auf mittlerer Stufe erhitzen und Schinkenwürfel darin ca. 5 Minuten braten. Zwiebeln und Kohl dazugeben und 6–8 Minuten mitbraten.

3 Nudeln dazugeben, mit Brühe ablöschen und mit Deckel ca. 20 Minuten garen, dabei gelegentlich umrühren. One-Pot-Pasta mit Petersilie verfeinern, mit Salz und Pfeffer abschmecken und servieren.

Schon gewusst?

Magere Schinkenwürfel findest du in gut sortierten Supermärkten im Kühlregal. Oft sind sie zu 3 x 50 g oder 2 x 75 g verpackt, sodass sie gut zu portionieren sind.

Tipp

One-Pot-Pasta ist eine gute Methode, um Nudeln in einer gebundenen Sauce zu kochen – ganz ohne Saucenbinder oder Schmand. Dafür sorgt die ausgeschwemmte Stärke der Nudeln, die normalerweise mit dem Kochwasser weggeschüttet wird.

Chicken Korma mit Basmatireis

Für 4 Personen   **Zubereitungszeit 30 Min.**   **Garzeit 25 Min.**   **Marinierzeit 20 Min.**

2567 kJ | 613 kcal

600 g Hähnchenbrustfilet
150 g fettarmer Joghurt
2 TL Kurkuma
800 g Zuckererbsenschoten
2 Gemüsezwiebeln
1 Stück Ingwer (ca. 2 cm)
1 kleine grüne Chilischote
2 Knoblauchzehen
1 EL Sesamöl
1/2 TL gemahlener Koriander
1/4 TL Kreuzkümmel
1 Msp. Zimt
3 Curryblätter
150 ml fettreduzierte
Kokosmilch
300 ml Gemüsebrühe
(1 1/2 TL Instantpulver)
220 g trockener Basmatireis
Salz
2 EL gehackter Koriander

1 Hähnchenbrustfilet trocken tupfen und in Würfel schneiden. Joghurt mit Kurkuma verrühren, mit Hähnchenbrust in einen Gefrierbeutel geben, gut verkneten und im Kühlschrank ca. 20 Minuten marinieren.

2 Zuckererbsenschoten waschen und in Stücke schneiden. Zwiebeln und Ingwer schälen. Zwiebeln in Streifen schneiden und Ingwer reiben. Chilischote waschen, entkernen und würfeln. Knoblauch hacken.

3 Öl in einer Pfanne auf mittlerer bis hoher Stufe erhitzen und Zwiebeln, Chili und Knoblauch darin 3–5 Minuten anbraten. Gemahlenen Koriander, Kreuzkümmel, Zimt, Curryblätter und Ingwer dazugeben und kurz mitbraten. Mit Kokosmilch und Brühe ablöschen, Hähnchenbrust samt Marinade dazugeben und auf niedriger Stufe ca. 20 Minuten köcheln lassen. Reis nach Packungsanweisung in Salzwasser garen.

4 Zuckererbsenschoten ca. 8 Minuten vor Ende der Garzeit zur Sauce geben. Curryblätter aus der Sauce entfernen. Chicken Korma mit Salz abschmecken, mit gehacktem Koriander bestreuen und mit Reis servieren.

Ingwer lagern

Angeschnittenen Ingwer lagerst du am besten luftdicht verpackt im Kühlschrank, so bleibt er bis zu 3 Wochen lang frisch. Ingwer brauchst du auch für unseren scharf-würzigen Broccoli mit Schweinefilet und Basmatireis (S. 76) und für die Garnelenpfanne mit Pak Choi und Zitronengras-Reis (S. 55).

Clever planen und smart einkaufen

Plane deine Einkäufe und kaufe nur, was du wirklich brauchst. Außerdem solltest du deinen Vorrat überschaubar gestalten, damit du nicht den Überblick verlierst. Ein Wochenplan hilft dir dabei im Plan zu bleiben und Lebensmittelverschwendung zu vermeiden. Wenn du selbst kochst und dein Essen mit zur Arbeit nimmst, kannst du SmartPoints und Müll sparen, denn Snacks und to-go-Produkte sind häufig sehr aufwendig verpackt.

Du findest auf diesen Seiten zwei Wochenpläne mit jeweils zwei Hauptgerichten pro Tag. Um dir den Einkauf zu erleichtern, haben wir die Einkaufsliste sortiert. Die Rezepte im Wochenplan sind dabei für 4 und 2 Personen. So kannst du am Samstag alle haltbaren Lebensmittel für die Woche einkaufen und die frischen Lebensmittel bis Mittwoch. Am Donnerstag kaufst du dann nur noch die frischen Lebensmittel bis Sonntag. Damit die Einkaufslisten übersichtlich sind, haben wir alle Lebensmittel, die du normalerweise im Vorrat hast, von deiner Einkaufsliste gestrichen.

Das sollte im Vorrat vorhanden sein:
Grundsätzlich können frische Kräuter auch durch TK-Kräuter oder getrocknete Kräuter ersetzt werden. Genauso kannst du dein Pflanzenöl für alle Rezepte einsetzen, egal ob Oliven-, Raps, Sonnenblumen- oder Erdnussöl benötigt wird. Dasselbe gilt für Essig, wenn du nicht mehrere Sorten kaufen möchtest. Der Geschmack variiert natürlich ein wenig, aber das kannst du entscheiden. Außerdem findest du in den Einkaufslisten Austauschtipps, die du nutzen kannst.

- Salz, Pfeffer
- Gewürze wie Curry, Paprikapulver, Chilipulver
- getrocknete Kräuter:
  Oregano und Thymian
- TK-Kräuter:
  Dill, Petersilie, italienische Kräuter
- Zwiebeln und Knoblauch
- Pflanzenöl
- Halbfettmargarine
- Gemüsebrühe (Instantpulver)
- Senf, Ketchup
- Salatcreme, bis 10 % Fett
- Tomatenmark
- Essig (heller und dunkler Balsamicoessig)
- Honig
- Speisestärke
- Paniermehl
- Sojasauce
- Zitronen- und / oder Limettensaft

Wochenplan Woche 1

	Mittagessen	**Abendessen**	SmartPoints/Tag
Montag	Frittata mit gerösteten Pinienkernen **11** **6** **3** Seite 95	Italienische Salat-Pasta-Bowl **6** **6** **3** Seite 12	**17** **12** **6**
Dienstag	Feldsalat mit Walnussdressing **6** **6** **6** Seite 40	Gebratene Mie-Nudeln mit Hähnchenbrust **10** **9** **9** Seite 87	**16** **15** **15**
Mittwoch	Linsen-Kichererb-sen-Suppe mit Harissa **10** **1** **1** Seite 88	Mediterrane Gemüselasagne **10** **10** **10** Seite 72	**20** **11** **11**
Donnerstag	Thunfisch-Tramezzini mit Rucola **7** **7** **7** Seite 36	Gemüsereis mit Ei und Räuchertofu **16** **7** **7** Seite 63	**23** **14** **14**
Freitag	Kichererbsencurry mit Lachs **11** **3** **3** Seite 51	Caesar-Baguette mit Hähnchenstreifen **8** **8** **8** Seite 19	**19** **11** **11**
Samstag	Bauernfrühstück mit Spargel und Schinken **7** **3** **1** Seite 84	Minzcouscous mit Limettenhähnchen und Spinatsalat **10** **9** **9** Seite 75	**17** **12** **10**
Sonntag	Filet im Kräuter-mantel mit Karotten und Drillingen **9** **9** **4** Seite 64	Räucherlachssushi mit Dillcreme **10** **0** **0** Seite 20	**19** **9** **4**

Einkaufsliste Wochenplan

Kaufe am Samstag alle haltbaren Lebensmittel und die frischen Lebensmittel bis Mittwoch ein!

Lebensmittel für die komplette Woche

4 große Scheiben Toast
250 g Baguette
120 g trockene Vollkorn-Penne
250 g trockene Mie-Nudeln
250 g trockene rote Linsen
12 trockene Lasagneblätter
120 g trockener Langkornreis
110 g trockener Couscous

2 getrocknete Tomaten ohne Öl
40 g Pinienkerne
1 EL gehackte Walnüsse

1/4 TL 5-Gewürze-Pulver
2 TL Kreuzkümmel
1 1/2 EL Harissapaste
2 TL gelbe Currypaste

2 vorgegarte Rote Beten
   (vakuumverpackt)
50 g gegrillte Zucchini in Öl
   (Abtropfgewicht)
4 Dosen Kichererbsen
   (à 265 g Abtropfgewicht)
1300 g stückige Tomaten
   (Konserve)
1 Gewürzgurke
1/2 Dose Thunfisch im eigenen
   Saft (75 g Abtropfgewicht)
50 g Bambussprossen
   (Konserve)
12 entsteinte schwarze Oliven
   in Lake
20 g Kapern

150 ml fettreduzierte
   Kokosmilch
3 Sardellenfilets in Öl
100 g Erbsen (TK)
300 g Lachsfilet (TK)

700 g festkochende Kartoffeln
1 kg Drillinge (kleine Kartoffeln)
3 rote Zwiebeln
1 kleine Schalotte
1 Gemüsezwiebel

13 Eier (Größe M)
100 g geriebener Parmesan

Frische Lebensmittel

Montag bis Mittwoch
1 Bund Frühlingszwiebeln
3 Zucchini
3 rote Paprika
300 g Cocktailtomaten
100 g Rucola
200 g Feldsalat
3 Karotten
700 g Pak Choi
2 Auberginen

1 Bund Basilikum
2 Zweige Rosmarin
   (ersatzweise TK oder
   getrocknet)

1 Kugel fettreduzierter Mozzarella
110 g Gouda, 30 % Fett i. Tr.
100 g griechischer Joghurt,
   bis 0,2 % Fett

200 g Räuchertofu
600 g Hähnchenbrustfilet

Donnerstag bis Sonntag
1 Bund Frühlingszwiebeln
1 kleine rote Chilischote
800 g Karotten
je 1 kleine rote und gelbe Paprika
150 g Cocktailtomaten
250 g Champignons
1 Salatgurke
500 g grüner Spargel
150 g Baby-Blattspinat
1 kleines Römersalatherz
1 Handvoll Rucola

1 unbehandelte Limette
1 unbehandelte Zitrone

1 EL gehackter Koriander
1 EL gehackte Minze
1 Bund Petersilie
3 Stängel Salbei
   (ersatzweise TK oder
   getrocknet)

140 g Frischkäse,
   bis 5 % Fett absolut
100 ml entrahmte Milch
2 EL fettarmer Joghurt
3 EL Skyr, Natur

500 g Hähnchenbrustfilet
   (davon 2 Filets à 150 g)
600 g Schweinefilet
4 Scheiben gekochter Schinken
8 Scheiben Räucherlachs

Wochenplan Woche 2

	Mittagessen	Abendessen	SmartPoints/Tag
Montag	One-Pot-Pasta mit Spitzkohl 8 8 8 · Seite 96	Linsensalat mit Trauben und Walnüssen 12 4 4 · Seite 24	20 12 12
Dienstag	Spinat-Tomaten-Orzo 8 8 8 · Seite 52	Lachs Bordelaise mit Kartoffelpfanne 12 6 2 · Seite 71	20 14 10
Mittwoch	Spaghetti alla Caprese 11 11 11 · Seite 67	Griechischer Rote Bete Salat mit Granatapfel 3 3 3 · Seite 35	14 14 14
Donnerstag	Thunfischsalat mit rotem Pesto 3 2 2 · Seite 16	Chicken-Korma mit Basmatireis 11 10 10 · Seite 99	14 12 12
Freitag	Zucchinicouscous mit Karotten-Lachs-Klößchen 14 7 7 · Seite 60	Gebratene Hähnchenbrust mit Süßkartoffelecken 10 9 2 · Seite 48	24 16 9
Samstag	Jackfruit-Tacos mit Chilimayonnaise 7 6 6 · Seite 15	Scharf-würziger Broccoli mit Schweinefilet und Basmatireis 8 8 8 · Seite 76	15 14 14
Sonntag	Karotten-Ananas-Salat mit Radicchio 2 2 2 · Seite 28	Lammfilet in Petersilienmantel mit gebratenem Chicoree 10 10 5 · Seite 80	12 12 7

Einkaufsliste Wochenplan

Kaufe am Samstag alle haltbaren Lebensmittel und die frischen Lebensmittel bis Mittwoch ein!

Lebensmittel für die komplette Woche

130 g trockene Penne
120 g trockene Spaghetti
240 g trockene Risoni-Nudeln
300 g trockener Basmatireis
100 g trockener Naturreis
100 g trockener Couscous
200 g trockene Puy-Linsen
8 kleine Mais-Tortillawraps

2 EL gehackte Walnüsse (20 g)
2 TL Kürbiskerne
6 getrocknete Tomaten
    ohne Öl
6 Cashewnüsse
1 EL Sesam
15 g Pistazienkerne

1/2 TL gemahlener Koriander
1/2 TL Kreuzkümmel
2 TL Kurkuma

500 g vorgegarte Rote Bete
    (vakuumverpackt)
2 Dosen Thunfisch im eigenen
    Saft (à 150 g Abtropfgewicht)
150 ml fettreduzierte
    Kokosmilch
1 Dose Jackfruit in Salzlake
    (324 g Abtropfgewicht)
1 Dose schwarze Bohnen
    (240 g Abtropfgewicht)
50 ml Ananassaft

100 g entsteinte schwarze
    Oliven in Lake
4 TL Kapern (20 g)
3/4 TL Chilisauce
1 EL Teriyakisauce

800 g festkochende Kartoffeln
400 g Süßkartoffeln
2 rote Zwiebeln
2 Gemüsezwiebeln
1 Stück Ingwer (ca. 3 cm)

1 Ei (Größe M)

Frische Lebensmittel

Montag bis Mittwoch

1 kleiner Spitzkohl
2 Karotten
1 gelbe Paprika
2 grüne Paprika
200 g gelbe Cocktailtomaten
700 g rote Cocktailtomaten
450 g Baby-Blattspinat
800 g Broccoli
1 große Salatgurke
1 kleiner Granatapfel
100 g kernlose helle
    Weintrauben
1 unbehandelte Zitrone
1 Bund Basilikum
    (ersatzweise TK oder
    getrocknet)

250 g Schafskäse,
    25 % Fett i. Tr.

150 g fettreduzierte
    Mozzarella-Minis
100 g magere Schinkenwürfel
4 Lachsfilets (à 125 g)

Donnerstag bis Sonntag

800 g Zuckererbsenschoten
1 kleine grüne Chilischote
2 Zucchini
5 Karotten
500 g Flaschentomaten
2 Bund Frühlingszwiebeln
1 Avocado (ca. 150 g)
200 g Rotkohl
500 g Stangenbroccoli
500 g Chicorée
1 Radicchio
1 kleiner Kopfsalat
100 g Baby-Blattspinat
1 Ananas (ca. 400 g)

100 g Cranberries

3 Curryblätter
    (ersatzweise Curry)
1 EL gehacktes Basilikum
1 Bund Koriander
    (ersatzweise TK oder
    getrocknet)

150 g fettarmer Joghurt
2 EL Crème légère (40 g)

840 g Hähnchenbrustfilet
    (davon 2 Filets à 120 g)
4 Schweinefiletmedaillons
    (à 60 g)
4 Lammfilets (à 75 g)
200 g Lachsfilet

Register nach Plan

	🟢	🔵	🔴	Seite
All-in-one-Garnelentopf	11	10	1	83
Bauernfrühstück mit Spargel und Schinken	7	3	1	84
Broccoli mit Schweinefilet und Basmatireis, scharf-würziger	8	8	8	76
Buchweizensalat mit Avocado, zitroniger	7	7	3	39
Caesar-Baguette mit Hähnchenstreifen	8	8	8	19
Chicken Korma mit Basmatireis	11	10	10	99
Chorizowrap mit Salat	9	9	9	23
Eier, gefüllte	2	0	0	31
Feldsalat mit Walnussdressing	6	6	6	40
Filet im Kräutermantel mit Karotten und Drillingen	9	9	4	64
Fischpfanne mit Kokosmilch	9	6	6	92
Frittata mit gerösteten Pinienkernen	11	6	3	95
Frühstücks-Wrap mit Erdbeeren	6	5	4	44
Garnelenpfanne mit Pak Choi und Zitronengras-Reis	8	7	7	55
Gemüselasagne, mediterrane	10	10	10	72
Gemüsereis mit Ei und Räuchertofu	16	7	7	63
Gurken-Joghurt-Suppe mit Minze, kalte	2	2	2	32
Hähnchenbrust mit Süßkartoffelecken, gebratene	10	9	2	48
Jackfruit-Tacos mit Chilimayonnaise	7	6	6	15
Kabeljau mit Parmesankruste und Ofengemüse	5	4	4	79
Karotten-Ananas-Salat mit Radicchio	2	2	2	28
Kartoffel-Broccoli-Gratin mit Parmesan-Kräuter-Kruste	9	8	4	56
Kichererbsencurry mit Lachs	11	3	3	51
Kräuter-Folienspargel mit Rindersteak	6	6	6	59

	🟢	🔵	🔴	Seite
Lachs Bordelaise mit Kartoffelpfanne	12	6	2	71
Lammfilets im Petersilienmantel mit gebratenem Chicorée	10	10	5	80
Linsen-Kichererbsen-Suppe mit Harissa	10	1	1	88
Linsennudeln mit Schweinemedaillons	8	8	3	91
Linsensalat mit Trauben und Walnüssen	12	4	4	24
Mie-Nudeln mit Hähnchenbrust, gebratene	10	9	9	87
Minzcouscous mit Limettenhähnchen und Spinatsalat	10	9	9	75
One-Pot-Pasta mit Spitzkohl	8	8	8	96
Räucherlachssushi mit Dillcreme	10	0	0	20
Rote-Bete-Salat mit Granatapfel, griechischer	3	3	3	35
Salat-Pasta-Bowl, italienische	6	6	3	12
Spaghetti alla Caprese	11	11	11	67
Spargel-Limetten-Suppe mit Jakobsmuschelspießen	6	4	4	68
Spargel-Schinken-Röllchen	3	3	3	27
Spinat-Tomaten-Orzo	8	8	8	52
Thunfischsalat mit rotem Pesto	3	2	2	16
Thunfisch-Tramezzini mit Rucola	7	7	7	36
Tomaten mit Krabbenfüllung	2	2	2	43
Zucchinicouscous mit Karotten-Lachs-Klößchen	14	7	7	60

Register nach Zutaten und Stichworten

1 In einer 6-monatigen Vorher-Nachher-Studie, die von Dr. Patrick O'Neil und Kollegen vom Weight Management Center der Medical University of South Carolina (USA) durchgeführt wurde, berichteten 88 % der Teilnehmer, dass das Abnehmen mit *meinWW*™ einfacher sei als Diätversuche in Eigenregie. Die Studie wurde von WW finanziert. 2 Die Teilnehmerin hat mit dem Vorgängerprogramm abgenommen und hält Gewicht mit *meinWW*™.

„Mein täglicher
Reminder, auf mich
selbst zu achten!"

Tina, -29 kg[2]
@tinacarrot

Maßgeschneidert
für dich!

Entdecke *meinWW*™,
das Programm, das dir
nachweislich das
Abnehmen erleichtert![1]

Gleich anmelden,
Fragebogen ausfüllen
und maßgeschneiderten
Ernährungsplan erhalten:

WW.com

Impressum

Redaktion
WW Deutschland
Claudia Braun, Iris Hermann, Ewa Tacke,
Claudia Thienel

Rezepte & Realisierung
Food Professionals Köhnen GmbH, Sprockhövel
Silke Höpker, Nathalie Kirsch, Dorothe
Trzensimiech

Fotografie
Klaus Arras, Michael Bernhardi, Florian Bonanni,
Carsten Eichner, Jan Jankovic, Dirk Przibylla,
Hubertus Schüler, WW International

Foodstyling
Daniel Blodau, Ingo Breuer, Katja Briol, Sylvia
Hartmann, Maren Jahnke, Thomas Lauterbach,
Franziska Marderecker, Stefan Mungenast,
Bonnie Reymann, Jörg Schmitz, WW International

Bildnachweise
WW International, Getty Images S. 9

Gestaltungskonzept & Grafik
Niehaus Knüwer and friends GmbH
Werbeagentur, Düsseldorf
Food Professionals Köhnen GmbH, Sprockhövel

Druck
paffrath print & medien GmbH, Remscheid

WW (Deutschland) GmbH
www.ww.com
Info-Hotline 0211 - 3805 3813
Bestell-Nr. SKU 402050
ISBN: 978-3-9820647-7-2

Wir freuen uns auf deine Bewertung dieses
Kochbuchs unter: wwshop.de

1. Auflage 2020
WW Coin Logo, SmartPoints, Points, ZeroPoint und
WW Healthy Kitchen sind eingetragene Marken von
WW International, Inc.